リーズ　せいかつプラス

ちゃんの

お金《かね》の使《つか》いかた

キャラクター原作／さくらももこ
監修／沼田晶弘　東京学芸大学附属世田谷小学校教諭

ちびまる子《ご》ちゃんの

お金《かね》の使《つか》いかた

もくじ

第《だい》4章《しょう》

ちびまる子《こ》ちゃんとなかまたち

藤木《ふじき》くん
ひきょうものといわれる。
永沢《ながさわ》くん
暗《くら》い。
おばあちゃん
友蔵《ともぞう》のつま。
父《ちち》（ヒロシ）
のんきもの。
おじいちゃん（友蔵《ともぞう》）
まる子《こ》のいちばんの味方《みかた》でなかよし。
お母《かあ》さん
まる子《こ》の世話《せわ》をやく。
お姉《ねえ》ちゃん
まる子《こ》にめいわくをかけられることが多《おお》い。
ちびまる子《こ》ちゃん
おっちょこちょいでなまけもの。

小杉《こすぎ》
食《く》いしんぼう。
はまじ
おもしろい男子《だんし》。
丸尾《まるお》くん
「ズバリ」が口《くち》ぐせ。
野口《のぐち》さん
お笑《わら》い好《ず》きな
暗《くら》い少女《しょうじょ》。
とし子《こ》ちゃん
まる子《こ》となかよし。
たまちゃん
まる子《こ》の親友《しんゆう》。
長山《ながやま》くん
かしこくてやさしい男《おとこ》の子《こ》。
花輪《はなわ》クン
お金《かね》持《も》ちのおぼっちゃま。

監修《かんしゅう》ぬまっちからのメッセージ

幸《しあわ》せなお金《かね》の使《つか》いかたってなんだろう？

「あのゲームがほしい！」「もっとお金《かね》があればなあ…」「どうすればお金持《かねも》ちになれるの？」なーんてこと、みんなも一度《いちど》は考《かんが》えたことがあるんじゃないかな？

「○○がほしい！」と思《おも》っているきみ。ほしいものを買《か》うためには、おこづかいやお年《とし》玉《だま》を上手《じょうず》にためて、上手《じょうず》に使《つか》うことが大事《だいじ》だよ。おうちの人《ひと》に、なぜそれが必要《ひつよう》なのかを伝《つた》えて、交渉《こうしょう》する力《ちから》も必要《ひつよう》だ。この本《ほん》でちびまる子《こ》ちゃんがチャレンジしているから、ぜひ参考《さんこう》にしてみてほしい。

「お金持《かねも》ちになりたい！」と考《かんが》えているきみ。

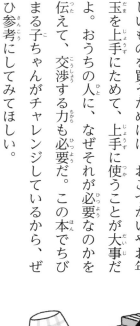

お金《かね》ってどうやってかせぐの？　株《かぶ》や投資《とうし》をすればお金《かね》がふえるって本当《ほんとう》？　この本《ほん》を読《よ》めば、そんなこともわかるようになるよ。

お金《かね》って、使《つか》いかた次第《しだい》で、幸《しあわ》せにもなれるし、不幸《ふこう》にもなる、不思議《ふしぎ》なもの。

たとえば店《みせ》でおかしを買《か》うと、きみはおかしをゲットして幸《しあわ》せ、お店《みせ》の人《ひと》は代金《だいきん》をゲットして幸《しあわ》せ。これが、幸《しあわ》せなお金《かね》の使《つか》いかた。

でも、不幸《ふこう》なお金《かね》の使《つか》いかたもある。むだなことにお金《かね》を使《つか》ったり、トラブルに巻《ま》き込《こ》まれたり…。そうならないために、お金《かね》のしくみを知《し》っておくことが大事《だいじ》なんだ。

自分《じぶん》やまわりの人《ひと》がずっと笑顔《えがお》でいられるような、そんな幸《しあわ》せなお金《かね》の使《つか》いかたを、まるちゃんといっしょに見《み》つけにいこう！

〈監修《かんしゅう》〉東京学芸大学《とうきょうがくげいだいがく》附属《ふぞく》 世田谷《せたがや》小学校《しょうがっこう》教諭《きょうゆ》

沼田《ぬまた》晶弘《あきひろ》先生《せんせい》（ぬまっち）

1975年《ねん》、東京都《とうきょうと》生《う》まれ。東京学芸大学教育学部卒業《とうきょうがくげいだいがくきょういくがくぶそつぎょう》後《ご》、アメリカのボールステイト大学大学院《だいがくだいがくいん》でスポーツ経営学《けいえいがく》を修了《しゅうりょう》。同大学職員《どうだいがくしょくいん》などを経《へ》て、2006年《ねん》から現職《げんしょく》。児童《じどう》の自主性《じしゅせい》・自立性《じりつせい》を引《ひ》き出《だ》す斬新《ざんしん》でユニークな授業《じゅぎょう》が数多《かずおお》くのテレビや新聞《しんぶん》、雑誌《ざっし》などに取《と》り上《あ》げられている。学校図書《がっこうとしょ》「生活科《せいかつか》」教科書著者《きょうかしょちょしゃ》。著書《ちょしょ》に『もう「反抗期《はんこうき》」で悩《なや》まない！ 親《おや》も子《こ》どももラクになる“ぬまっち流《りゅう》”思考法《しこうほう》』、監修《かんしゅう》に『満点《まんてん》ゲットシリーズせいかつプラス ちびまる子《こ》ちゃんのマナーとルール』（ともに集英社《しゅうえいしゃ》）など多数《たすう》。

プロローグ　まる子《こ》、お金《かね》で大失敗《だいしっぱい》!?

はい　お年玉《としだま》
まるちゃんも3年生《ねんせい》だから去年《きょねん》よりふやしておいたわよ
ありがとうございます!
ニヒ
ニヒ
お姉《ねえ》ちゃんここまでで合計《ごうけい》いくらになった?

まる子《こ》はねぇ
５千円《せんえん》だよ！すごいよね！
これだけあればなんでも買《か》えるね
あのね まる子《こ》…
♪リリリーン
お金《かね》っていうのは使《つか》う前《まえ》に計画《けいかく》を…
電話《でんわ》出《で》るよー
パタパタ…
あっ みっちゃん？あけましておめでとう！
そうですかあ

よーし
去年《きょねん》みたいに「お年玉《としだま》は全部《ぜんぶ》お母《かあ》さんに預《あず》けなさい」っていわれる前《まえ》に…
だがし
ありがとう50円《えん》だよ
おばさんおつりを50円玉《えんだま》に両替《りょうがえ》してくれる?
いいよ
アイドルあたる!?
スーパーボール
50円
さぁ今日《きょう》こそは
リンダのスーパーボールを手《て》に入《い》れるよ!

やったー
ついに夢《ゆめ》にまで見《み》たリンダを手《て》に入《い》れたよ!
お金《かね》があるっていいね!
はずれのスーパーボール
ガランガラン
大当《おおあ》たり〜〜!
え?大当《おおあ》たり?
くじびき
1回 100円
ごうかしょうひん当たる!

おお！
100円《えん》であれが手《て》に入《はい》るならやらない手《て》はないね
一等 手品セット
二等 うさぎ
すみませーん
九等
十等
七等
五等
ちぇーっ
いらない景品《けいひん》ばーっかり
初売り
リンダでツキを使《つか》っちゃったのかな
ん？
おもちゃ
ほしいー
わたしもー
世界《せかい》の手品《てじな》セット!?
買ってー
いいなあー
大人気！
限定だよ！
世界の
手品セット

さっきのあやしいお店《みせ》の１等賞《とうしょう》より断然《だんぜん》いいじゃん！
ねだんは…
特売！
3000円
３千円《ぜんえん》か！
えっと残《のこ》りは…
ごそごそ
くださーい！
ぼくも！
え!?
２千円《せんえん》!?
いつのまに？
は……
早《はや》く買《か》わないと売《う》り切《き》れちゃうよ…
そうだ まだ静岡《しずおか》のおばあちゃんにお年玉《としだま》をもらってないからそれをたせば…

いそげー
はあ はあ
あ 帰《かえ》ってきた まる子《こ》 いったい どこ行《い》ってたの？
そ〜
えーと
ちょっと いろいろ 下見《したみ》にね
それよりお母《かあ》さん 静岡《しずおか》のおばあちゃんには 年始《ねんし》のあいさつしないの？ 今《いま》から行《い》こうよ
今《いま》から？

それってお年玉《としだま》を
もらうため？
手《て》に持《も》ってる
袋《ふくろ》の中身《なかみ》はなに？
あ いや
コレは…
あ
うわ——
それはなに…？
しまった——

たった1時間《じかん》で3千円《ぜんえん》も使《つか》っちまったのか
それもくじ引《び》きなんかに
これからはお金《かね》の使《つか》いかたに気《き》をつけるよ
…ところで
すごくいい手品《てじな》セットを見《み》つけてさ
早《はや》く買《か》わないと売《う》り切《き》れちゃうから
ちょっと早《はや》いけど誕生日《たんじょうび》プレゼントってことで買《か》ってもらえないかなあ
しら〜〜

よしっ そんなにほしいなら 今《いま》から買《か》いに いこうか
えっ いいの!?
おじいちゃん! 甘《あま》やかさないで ください!
はあ～～
今《いま》のままだと まる子《こ》の将来《しょうらい》は…

まる子《こ》のヒサンな 未来予想図《みらいよそうず》

くじに目《め》がない
あやしい もうけ話《ばなし》や ギャンブルに お金《かね》をつぎ こんでしまう
運《うん》がよければ 大《おお》もうけできるよ
買《か》います!
あやしい もうけ話
お金《かね》はあれば あるだけ 使《つか》ってしまう
お金《かね》を使《つか》い はたして路頭《ろとう》に まよう
家賃《やちん》はらえ ない…
おなか すいた…
お金《かね》がなく なれば、また もらえばいい と思《おも》っている
かんたんに 借金《しゃっきん》をする 大人《おとな》になる
早《はや》く買《か》わないと 売《う》り切《き》れちゃう
金貸し
￥

お金《かね》は一生《いっしょう》けんめい働《はたら》いてようやく手《て》に入《はい》るものなのよ…
千円《せんえん》かせぐのだってどれだけたいへんか…
お金《かね》のありがたみがわからない子《こ》に
現金《げんきん》は持《も》たせられません
お年玉《としだま》は没収《ぼっしゅう》！しばらくはおこづかいもなし！いいわね！
そ そんなあ…！
どうするまる子《こ》!?

第《だい》1章《しょう》

おこづかいを上手《じょうず》に使《つか》おう！

1 おこづかいは なんのためにあるの？

というわけで お年玉《としだま》は没収《ぼっしゅう》 毎月《まいつき》のおこづかいまで なしになっちゃってさ
それは 一大事《いちだいじ》だね
新年《しんねん》から とんだことに なったな
自由《じゆう》に使《つか》える お金《かね》がゼロ
おねだりも禁止《きんし》じゃあ この先《さき》 人生《じんせい》に なんの楽《たの》しみもないよ
ズバリ！ 自業自得《じごうじとく》でしょう！
さくらさん そもそも あなたは おうちの人《ひと》が子《こ》どもに おこづかいをわたす目的《もくてき》を 理解《りかい》しているのですか!?

も……目的《もくてき》って…
おこづかいってこれで好《す》きなものを買《か》いなさいってくれるモンじゃないの？
もちろんそれもあると思《おも》うよベイビーでも本当《ほんとう》にそれだけかい？
逆《ぎゃく》にいうと
おこづかいをくれるおうちの人《ひと》の気持《きも》ちが理解《りかい》できればおこづかい復活《ふっかつ》はありえると思《おも》うんだけど
ほんとに？ちょっと助《たす》けてよおこづかい復活《ふっかつ》のためならあたしゃなんだってするよ！

では手《て》はじめに
わたくしが
クラスのみんなに
おこづかいについて
ズバリ聞《き》き取《と》り調査《ちょうさ》を
してみるでしょう

みんなのおこづかい事情《じじょう》は?
調査《ちょうさ》の結果《けっか》
こちらの４《よっ》つに分類《ぶんるい》できました！

ごほうび制《せい》

ごほうび
80

お手伝《てつだ》いをしたら○円《えん》、テストで満点《まんてん》なら○円《えん》など、課題《かだい》を達成《たっせい》したらもらえる。

ねらい
お金《かね》は努力《どりょく》して手《て》に入《い》れるものだと伝《つた》えたいっていってたよ

定額制《ていがくせい》

今月分
今週分

月《つき》に1回《かい》、週《しゅう》に1回《かい》などに、決《き》まった金額《きんがく》をもらえる。

ねらい
決《き》められた金額《きんがく》でやりくりすることをおぼえてほしいからかな？

年俸制《ねんぽうせい》

お年玉《としだま》やお祝《いわ》い金《きん》で
1年間《ねんかん》やりくりするよう
まかされる。

お年玉
一年分
ねらい
長《なが》い期間《きかん》でも
計画的《けいかくてき》に使《つか》う練習《れんしゅう》？

申告制《しんこくせい》

必要《ひつよう》なときに、
そのつどお願《ねが》い
してもらう。

服代
ぶんぼう具代
NOTEBOOK
ねらい
なににどれくらい
お金《かね》がかかるか考《かんが》えて
伝《つた》える力《ちから》をつけさせ
たいのかも？

おうちの人《ひと》の気持《きも》ちを
まとめるとズバリ
こうなるでしょう！
お金《かね》は働《はたら》いて
だれかの役《やく》に
立《た》つことで
得《え》られる
大切《たいせつ》なもの
大人《おとな》になってから
こまらないように
おこづかいを通《とお》して
お金《かね》とのつきあいかたを
おぼえていってね

ガーン
おこづかいって そういうものだったの? まる子《こ》なんにも 考《かんが》えてなかったよ
じつに キミらしいね
永沢《ながさわ》…
長山《ながやま》くん
ちょっと小耳《こみみ》に はさんだん だけど
長山《ながやま》くんはお年玉《としだま》と おこづかいを コツコツためて このお正月《しょうがつ》に 天体望遠鏡《てんたいぼうえんきょう》を 買《か》ったそうだね?
あ うん
すげー
だれかさんとは えらいちがい だよね……
チラッ
えっ? てっ… 天体望遠鏡《てんたいぼうえんきょう》ー!?

2 ほしいものを買《か》うために おこづかいをためよう

わあ……
1年生《ねんせい》の夏休《なつやす》みに知《し》りあいの家《いえ》で
生《う》まれてはじめてレンズをのぞかせてもらってさ
ごらん土星《どせい》の輪《わ》っかが見《み》えるよ
うわあ…！

それからは もう 頭《あたま》の中《なか》は 天体望遠鏡《てんたいぼうえんきょう》のことで いっぱいで
2年《ねん》と半年《はんとし》 かかったけど ようやくお金《かね》が たまって このお正月《しょうがつ》に 買《か》うことができたんだ
今《いま》は毎日《まいにち》 星《ほし》が出《で》るのが 楽《たの》しみでさ
へえ…
ええ!?
天体望遠鏡《てんたいぼうえんきょう》って 何万円《なんまんえん》も するんでしょう?
長山《ながやま》くん 本当《ほんとう》にお年玉《としだま》と おこづかいだけで?

そうなんだよ 自分《じぶん》で買《か》おうって 決《き》めた 1年生《ねんせい》のときから
もらった お年玉《としだま》は全部《ぜんぶ》 銀行《ぎんこう》の口座《こうざ》に 預《あず》けて
通帳
毎月《まいつき》の おこづかいも 大半《たいはん》は
望遠鏡《ぼうえんきょう》を 買《か》うために 貯金箱《ちょきんばこ》に入《い》れて ためたんだって
ちょ金ばこ
すごいわね〜
地道《じみち》にためて 夢《ゆめ》をかなえたのね
まさに ※「ちりも積《つ》もれば 山《やま》となる」 だね
だれかさんと 大ちがいっ
夢
長山《ながやま》くん よく がんばったよ… だから まる子《こ》も 心《こころ》に決《き》めたんだ コツコツと お金《かね》をためて

※どんなにわずかなものでも、少《すこ》しずつ積《つ》みかさねていけば、やがて大《おお》きなことが達成《たっせい》できるという教《おし》え。

あの手品《てじな》セットをぜったいに手《て》に入《い》れようってね
そんなにほしいかね手品《てじな》セット…
でもコツコツもなにもあんた 今《いま》おこづかいを止《と》められてるじゃない
そこだよお姉《ねえ》ちゃん！あたしゃ作戦《さくせん》を考《かんが》えたんだよ！
お母《かあ》さんっこれからはお姉《ねえ》ちゃんをアドバイザーにむかえて計画的《けいかくてき》にやりくりしますから肩《かた》たたき券《けん》もあげますから
どうかおこづかいを復活《ふっかつ》させてください！
あとできればお年玉も返して…

ぜんぜんひねりが ない気《き》もするけど…
にっひっひ
でも わたしを アドバイザーに って？
だって お姉《ねえ》ちゃんって
いつも 必要《ひつよう》なときに 必要《ひつよう》なお金《かね》が 準備《じゅんび》できてて ほしいものが 買《か》えてるじゃん
ほしいものも…
ヒデキの レコード 買えた！
まんが 買えない…
プレゼントも…
母の日
父の日
敬老の日
母の日
父の日
敬老の日
肩たたきけん

ねえ どうしたら そんなふうに なれるの!? ねえ教《おし》えてよ アドバイザー
しかたないわねえ
それは わたしが お金《かね》の使《つか》いかたに
優先順位《ゆうせんじゅんい》をつけてるからよ
優先順位《ゆうせんじゅんい》?
そう!
お姉《ねえ》ちゃんのほしいもの
1位《い》 ヒデキグッズ
HIDEKI
LOVE HIDEKI
2位《い》 プレゼント
3位《い》 それ以外《いがい》
シール
NOTE
1位《い》や2位《い》の順位《じゅんい》の高《たか》いものを確実《かくじつ》に買《か》うために…

お年玉《としだま》やおこづかいを
もらったら まずは
このふたつの貯金箱《ちょきんばこ》に
優先的《ゆうせんてき》に
入《い》れてためるの
ヒデキ
プレゼント
こういうのを
「先取《さきど》り貯金《ちょきん》」って
よぶのよ
先取《さきど》り貯金《ちょきん》!
そして
それ以外《いがい》の
ほしいものは
3《みっ》つめの
「使《つか》い道《みち》自由《じゆう》」
貯金箱《ちょきんばこ》の出番《でばん》
自由
この貯金箱《ちょきんばこ》のはんいで
なんとかやりくりして
買《か》っているというわけ
自由
POTATO

な…
なるほど
そうだったのかあ！
まる子《こ》も
やってみるよ！
かき
かき
ぺたっ
手品
目標3千円
自由
まる子《こ》の優先順位《ゆうせんじゅんい》の
第《だい》1位《い》は今《いま》
手品《てじな》セットだけど
おこづかいの
復活《ふっかつ》がかなって
1か月分《げつぶん》500円《えん》を
全部《ぜんぶ》ここに
入《い》れれば
6か月《げつ》で一気《いっき》に
3千円《ぜんえん》ためられる
じゃん！
500円
手品
目標3千円
自由
手品
セット
500円 ×
6か月
＝3000円
3000円

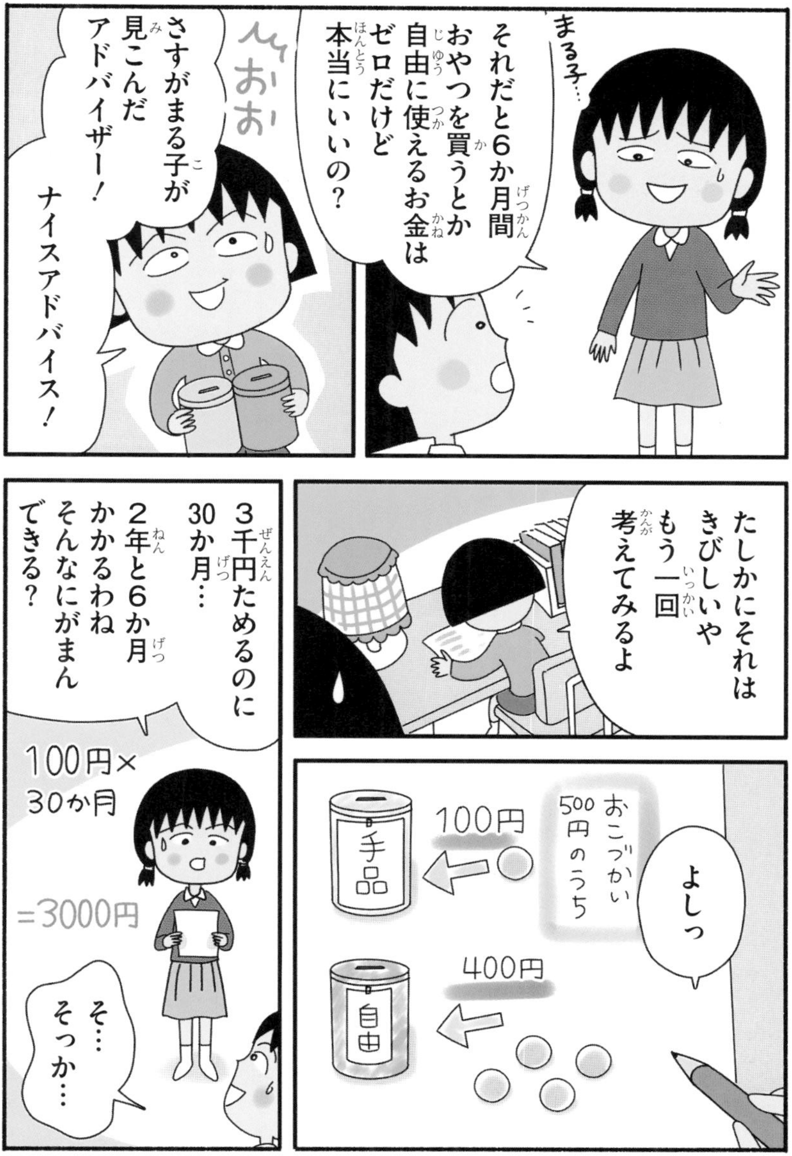
まる子…
それだと6か月間《げつかん》おやつを買《か》うとか自由《じゆう》に使《つか》えるお金《かね》はゼロだけど本当《ほんとう》にいいの？
おお
ナイスアドバイス！
さすがまる子《こ》が見《み》こんだアドバイザー！
たしかにそれはきびしいやもう一回《いっかい》考《かんが》えてみるよ
よしっ
おこづかい500円のうち
100円
手品
400円
自由
3千円《ぜんえん》ためるのに30か月《げつ》…2年《ねん》と6か月《げつ》かかるわねそんなにがまんできる？
100円×30か月
=3000円
そ…そっか…

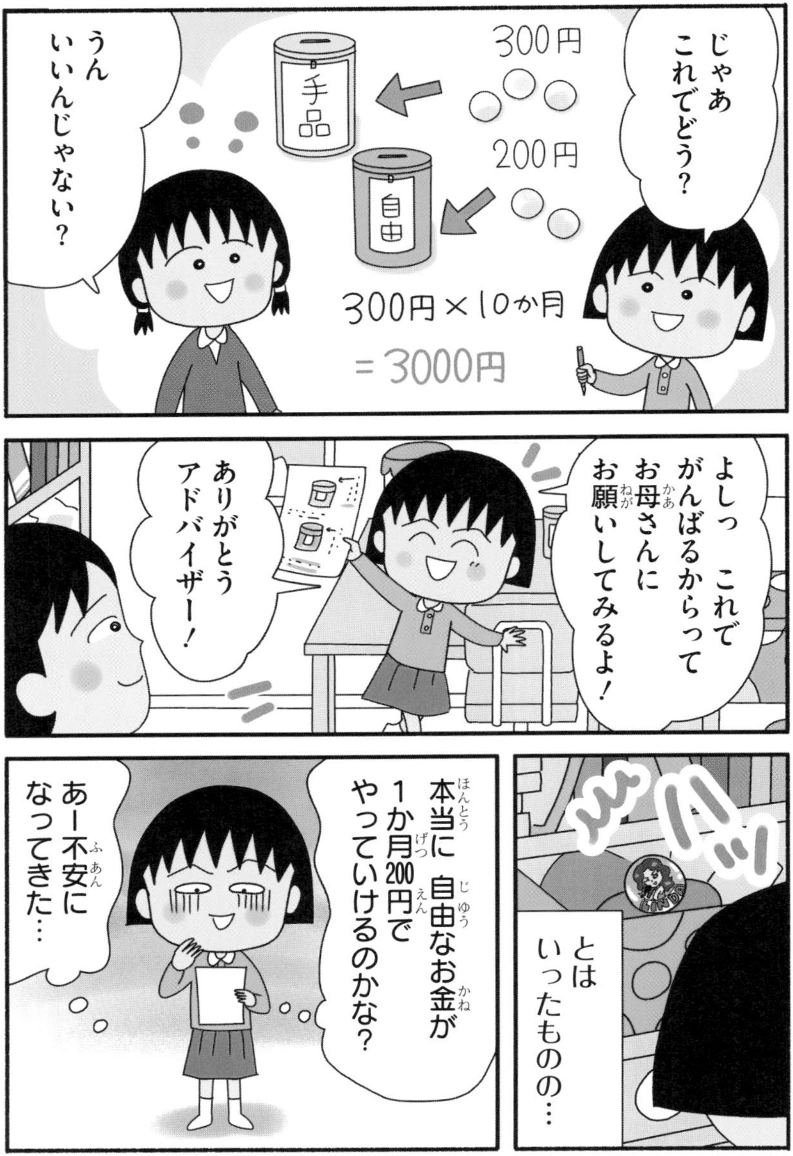
じゃあ これでどう?
300円
手品
200円
自由
300円×10か月
=3000円
うん いいんじゃない?
よしっ これで がんばるからって お母《かあ》さんに お願《ねが》いしてみるよ!
ありがとう アドバイザー!
とは いったものの…
本当《ほんとう》に 自由《じゆう》なお金《かね》が 1か月《げつ》200円《えん》で やっていけるのかな?
あー不安《ふあん》に なってきた…

3 おこづかい帳《ちょう》をつけよう

今《いま》までよりだいぶ少《すく》ないお金《かね》で
ひと月《つき》すごすにはどうしたらいいのかねえ？
さくらはおこづかい帳《ちょう》はつけてる？
おこづかい帳《ちょう》？
記録《きろく》があれば買《か》いもののクセがわかってアドバイスできるんだけど
買《か》いもののクセって？
どんなものをどれくらい買《か》っているかということです
おこづかい帳《ちょう》を見《み》ればひと目《め》でわかるでしょう！

おこづかい帳《ちょう》のつけかた

❶ 日《ひ》にちを書《か》きいれよう。
❷ どんな理由《りゆう》でもらったか、なにに使《つか》ったかを「ことがら」に書《か》こう。
❸ 貯金《ちょきん》にまわした分《ぶん》は「使《つか》ったお金《かね》」に書《か》くと管理《かんり》しやすいよ。

日《ひ》にち	ことがら	入ったお金《かね》	使《つか》ったお金《かね》	残《のこ》りのお金《かね》
4／1	くりこし（前《まえ》の月《つき》の残《のこ》ったお金《かね》）	750円《えん》		750円《えん》
4／1	4月分《がつぶん》おこづかい	500円《えん》		1250円《えん》
4／1	先取《さきど》り貯金《ちょきん》		300円《えん》	950円《えん》
4／3	まんが		440円《えん》	510円《えん》
4／9	チョコ		54円《えん》	456円《えん》
4／18	プレゼント（ノート）		110円《えん》	346円《えん》
／				
／				
／				
／				
合計金額《ごうけいきんがく》		1250円《えん》	904円《えん》	346円《えん》

買《か》ったものを記録《きろく》すればふりかえって今後《こんご》の参考《さんこう》にできるし
あといくら使《つか》えるかわかるから買《か》いものの計画《けいかく》も立《た》てられるね

よしっ
おこづかい帳《ちょう》は
つけてなかった
けど
ここ1か月《げつ》で
買《か》ったものを
思《おも》い出《だ》してみるよ
カリ
カリ

- ラムネ20円《えん》
- チョコ50円《えん》
- においつきびんせん（ねだん　おぼえてない）
- パッチンどめ（ねだん　おぼえてない）
- ガチャガチャ1回《かい》50円《えん》 → 20回《かい》くらい?
- くじ1回《かい》100円《えん》 → 20回《かい》くらい?
- ほかにもいろいろ（よくおぼえてない）

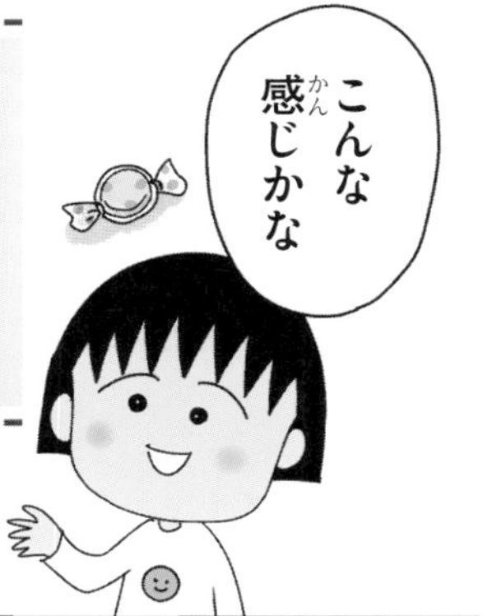
こんな
感《かん》じかな

チョコ
くじ

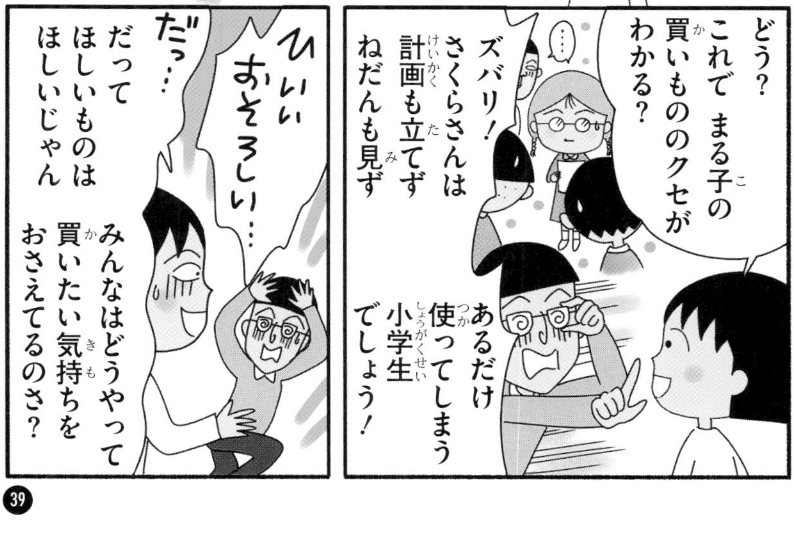
どう?
これで まる子《こ》の
買《か》いもののクセが
わかる?
…
ズバリ!
さくらさんは
計画《けいかく》も立《た》てず
ねだんも見《み》ず
あるだけ
使《つか》ってしまう
小学生《しょうがくせい》
でしょう!
ひぃぃ
おそろしい…
だっ…
だって
ほしいものは
ほしいじゃん
みんなはどうやって
買《か》いたい気持《きも》ちを
おさえてるのさ?

ボクは
おさえようと思《おも》った
ことはないなあ
お金《かね》の使《つか》いかたに関《かん》する
自分《じぶん》なりの決《き》めごと…
「マイルール」に
そって買《か》いものを
しているからね

花輪《はなわ》クンのマイルール

なにかを買《か》うときは、それが

1.投資《とうし》 自分《じぶん》の成長《せいちょう》につながるなど、はらう金額《きんがく》以上《いじょう》の価値《かち》が見《み》こめる	**2.消費《しょうひ》** 必要《ひつよう》なもので、はらう金額《きんがく》に見合《みあ》う	**3.浪費《ろうひ》** 別《べつ》に必要《ひつよう》ではなく、はらう金額《きんがく》にも見合《みあ》わない

の、どれにあたるかを見《み》きわめる。

投資《とうし》・消費《しょうひ》なら　➡　買《か》　う
浪費《ろうひ》なら　➡　買《か》わない

オペラ
チケット
○○美術館

これで
買《か》いものの後悔《こうかい》
とは無縁《むえん》さ

くじやガチャガチャは
ズバリ浪費《ろうひ》！
さくらさんの
小学生《しょうがくせい》ライフは
じゅうじつ
しないでしょう！
きびしいね
丸尾《まるお》くん…
あたしにだってたまには
ドキドキワクワク
させとくれよ…

たしかに楽《たの》しくて元気《げんき》になるようなことも大事《だいじ》だよね？
本人《ほんにん》にとってはいちがいに浪費《ろうひ》とはいえないものもあるかもね
さくらは　くじとかをやる回数《かいすう》が多《おお》すぎるんだろ
はまじのマイルール
ガチャガチャは1か月《げつ》に1回《かい》だけのお楽《たの》しみにする
1回！
オレは母《かあ》ちゃんが苦労《くろう》してやりくりしてるの知《し》ってるからこうしてるぜ
へぇえらいね！
待《ま》ちどおしくてかえってワクワク感《かん》もますしな！
なるほどでしょう
それは考《かん》えたことなかったよ…
とし子《こ》ちゃんはなにかある？

たとえば ほしいと思《おも》ってもその場《ば》ですぐに買《か》わないことかな
とし子《こ》ちゃんのマイルール
1 その場《ば》では買《か》わずにいったん家《いえ》に帰《かえ》る
2 「似《に》たようなものを持《も》っていないか」「別《べつ》のもので代用《だいよう》できないか」と考《かんが》える
3 時間《じかん》がたってわすれてしまうなら「そんなにほしくなかったんだ」と思《おも》って買《か》わない
4 時間《じかん》がたっても「やっぱりほしい」とあきらめきれなかったら買《か》う
じっくり考《かんが》えて買《か》ったほうが持《も》ってて幸《しあわ》せだし大切《たいせつ》に感《かん》じられるんだ
そうだよね わかるよ
そっかぁ
わたしは大切《たいせつ》じゃないものを買《か》っちゃってるんだなあ
九等
十等
七等
五等
みんなありがとう! まる子《こ》も買《か》う前《まえ》にまずは考《かんが》えてみるよ!
がんばれー!

4 くらしにはどんなお金《かね》がかかるの?

なになに 決意表明書《けついひょうめいしょ》が できたのね?
えっと 「まる子《こ》は これからは…」
決意表明書《けついひょうめいしょ》
① おこづかい帳《ちょう》をつけて、計画的《けいかくてき》に お金《かね》を使《つか》うようにします
② くじは1か月《げつ》に1回《かい》だけの お楽《たの》しみにします
③ 1か月《げつ》のおこづかいのうち300円《えん》を 毎月《まいつき》ためて、自分《じぶん》で手品《てじな》セットを 買《か》います
→ だから、おこづかいの復活《ふっかつ》を どうかよろしくお願《ねが》いします!
できれば お年玉も!
まる子
うん いいんじゃ ない?
内容《ないよう》も 具体的《ぐたいてき》だし
やったー

じゃあ今《いま》からお母《かあ》さんに見《み》せておこづかい復活《ふっかつ》をお願《ねが》いしてみるよ！
お母《かあ》さん…
かけいぼ
あっ
家計簿《かけいぼ》だね
そうよ
おうちのおこづかい帳《ちょう》みたいなもんだよね？今日《きょう》ちょうどみんなに使《つか》いかたを教《おし》えてもらったよ
あら
おうち用《よう》はもうちょっと細《こま》かいけどね

家計簿《かけいぼ》の例《れい》

収入《しゅうにゅう》 ◀ 今月分《こんげつぶん》の収入《しゅうにゅう》

父《ちち》 給料《きゅうりょう》 手取《てど》り	○○円《えん》
母《はは》 給料《きゅうりょう》 手取《てど》り	○○円《えん》
合計《ごうけい》	○○円《えん》

支出《ししゅつ》のうちの固定費《こていひ》 ◀ 毎月《まいつき》、かかることが決《き》まっているお金《かね》

住宅《じゅうたく》ローン・管理費《かんりひ》	○○円《えん》
電気代《でんきだい》	○○円《えん》
ガス代《だい》	○○円《えん》
水道代《すいどうだい》（1か月分《げつぶん》）	○○円《えん》
携帯電話代《けいたいでんわだい》	○○円《えん》
給食費《きゅうしょくひ》	○○円《えん》
ピアノ月謝《げっしゃ》	○○円《えん》
家族《かぞく》のこづかい	○○円《えん》
合計《ごうけい》	○○円《えん》

▼ 手元《てもと》でやりくりするお金《かね》。このように費目別《ひもくべつ》に分類《ぶんるい》して1か月《げつ》の合計額《ごうけいがく》を計算《けいさん》するよ。

（　食《しょく》　）費《ひ》		
日付《ひづけ》	内容《ないよう》	金額《きんがく》
2	スーパーヨミット	6340
4	お弁当《べんとう》テイクアウト	1780
合計《ごうけい》		○○円《えん》

（　日用品《にちようひん》　）費《ひ》		
日付《ひづけ》	内容《ないよう》	金額《きんがく》
5	シャンプー等《とう》	960
9	掃除用具《そうじようぐ》	1250
合計《ごうけい》		○○円《えん》

（　子《こ》ども　）費《ひ》		
日付《ひづけ》	内容《ないよう》	金額《きんがく》
4	レッスンバッグ	2980
12	漢和辞典《かんわじてん》	3300
合計《ごうけい》		○○円《えん》

本当《ほんとう》だ細《こま》かい！
生《い》きていくためにはいろんなことにお金《かね》がかかるってことね
かけいぼ

くらしにかかるお金《かね》

毎月《まいつき》かかるお金《かね》

住宅《じゅうたく》費《ひ》
（家賃《やちん》、住宅《じゅうたく》ローンなど）

食《しょく》　費《ひ》

日用品《にちようひん》費《ひ》

水道光熱《すいどうこうねつ》費《ひ》

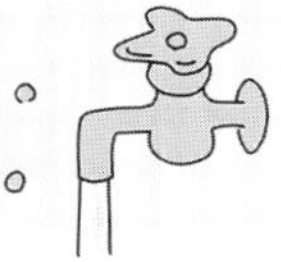

通信《つうしん》費《ひ》
（電話《でんわ》やインターネット使用料《しようりょう》）

被服《ひふく》費《ひ》
（服《ふく》やクリーニング代《だい》など）

子《こ》どもにかかるお金《かね》
（給食《きゅうしょく》費《ひ》・習《なら》いごとの
月謝《げっしゃ》など）

家族《かぞく》の おこづかい

交通《こうつう》費《ひ》

娯楽《ごらく》費《ひ》

税金《ぜいきん》・社会保険料《しゃかいほけんりょう》・個人保険料《こじんほけんりょう》など
※第《だい》3章《しょう》でくわしく解説《かいせつ》するよ

年《ねん》に数回《すうかい》かかるお金《かね》

医療《いりょう》費《ひ》
（診察代《しんさつだい》、薬代《くすりだい》など）

交際《こうさい》費《ひ》
（お祝《いわ》い、香典《こうでん》、友人《ゆうじん》との
会食《かいしょく》など）

レジャー費《ひ》
（家族旅行《かぞくりょこう》など）

年《ねん》に一度《いちど》 自分《じぶん》でおさめる税金《ぜいきん》
（固定資産税《こていしさんぜい》、自動車税《じどうしゃぜい》など）

何年《なんねん》かに一度《いちど》かかるお金《かね》

家電製品《かでんせいひん》や車《くるま》などの 買《か》いかえ費用《ひよう》

家《いえ》の修繕《しゅうぜん》費《ひ》

進学《しんがく》、就職《しゅうしょく》、結婚《けっこん》などに必要《ひつよう》な費用《ひよう》

計《けい》画《かく》
記録《きろく》すればなにに
いくらかかるかわかるので、
それをもとに予算《よさん》を組《く》む
1か月《げつ》の食費《しょくひ》の予算《よさん》は○万円以内《まんえんいない》…
ふりかえり
予算内《よさんない》におさまったか
確認《かくにん》し、オーバーしたら
計画《けいかく》を見直《みなお》す
予算《よさん》オーバーだから どこかけずらないと…
家計簿《かけいぼ》の目的《もくてき》は計画《けいかく》とふりかえり
そこはおこづかい帳《ちょう》といっしょね
こんなふうに家計簿《かけいぼ》をつけるいちばんの理由《りゆう》は…
貯金《ちょきん》をするためよ
貯金《ちょきん》…！

5 どうして貯金《ちょきん》が必要《ひつよう》なの？

さくら家《け》の貯金《ちょきん》①

積立貯金《つみたてちょきん》

通帳

家電製品《かでんせいひん》の買《か》いかえ、家《いえ》の修繕費《しゅうぜんひ》、税金《ぜいきん》などの
しはらい用《よう》に毎月一定《まいつきいってい》の金額《きんがく》を積《つ》み立《た》てる

税金
わが家《や》の貯金《ちょきん》を説明《せつめい》するわね

さくら家《け》の貯金《ちょきん》②

ライフイベント貯金《ちょきん》

進学《しんがく》、結婚《けっこん》、出産準備《しゅっさんじゅんび》、家《いえ》を買《か》うなど、
人生《じんせい》の節目《ふしめ》で必要《ひつよう》になる
大《おお》きなお金《かね》の貯金《ちょきん》

今《いま》はお姉《ねえ》ちゃんとまる子《こ》が 将来《しょうらい》行《い》きたい学校《がっこう》に行《い》けるように進学費用《しんがくひよう》を優先《ゆうせん》してためているわ
そうなんだ

ふたりが仕事《しごと》をはじめて自立《じりつ》したら
お父《とう》さんとお母《かあ》さんの老後《ろうご》の生活《せいかつ》のための貯金《ちょきん》をはじめる予定《よてい》よ
へえー
そしてもうひとつかかせない貯金《ちょきん》は…
さくら家《け》の貯金《ちょきん》③
もしものための貯金《ちょきん》
失業《しつぎょう》、死亡《しぼう》、病気《びょうき》やけがによる入院《にゅういん》、火災《かさい》や天災《てんさい》による被害《ひがい》など、もしもにそなえるための貯金《ちょきん》
もしもなんて起《お》きてほしくないよ！

そうね でもなにが起《お》こるか わからないから
※「備《そな》えあれば憂《うれ》いなし」よ
お金《かね》って本当《ほんとう》に大事《だいじ》なんだな…
それにしても この決《けつ》意《い》表《ひょう》明《めい》書《しょ》は よくできてるわね
いいわ まる子《こ》にも お金《かね》の使《つか》いかたを 上手《じょうず》になって もらうために おこづかいだけは もどしましょう
やったー
ただしお年玉《としだま》は これからの行動《こうどう》を 見《み》てからね
わかったよ ありがとうお母《かあ》さん！

※ふだんから、いざというときの用意《ようい》をしておけば、なにが起《お》きても心配《しんぱい》ないという教《おし》え。

第《だい》2章《しょう》

お金《かね》ってなんだろう?

1 お金《かね》をたくさん刷《す》るとどうなるの？

おこづかいが復活《ふっかつ》してよかったね
うんっ
みんなのおかげだよ ありがとう
ところでお金《かね》について新《あら》たな疑問《ぎもん》がわいたんだけど…
世《よ》の中《なか》には
もっとお金《かね》があれば…
お金《かね》がたりなくて生活《せいかつ》が苦《くる》しい…
って悩《なや》んでる人《ひと》がたくさんいるでしょ？
だったらお札《さつ》をたくさん作《つく》ればいいのに どうして そうしないんだろう

おお…そうだよなあ！
国《くに》がお金《かね》をたくさん刷《す》って国民《こくみん》にいっぱい配《くば》ればみんな今《いま》より楽《らく》にくらせて悩《なや》みがなくなりそうだよね
だよねえ…
お札《さつ》って紙《かみ》に印刷《いんさつ》したものなら…
こくご
いくらでも刷《す》れるはずだもんねえ
うんうんうん
だれもが一度《いちど》は考《かんが》えることだね
じゃあぼくが
もしもそんな世《よ》の中《なか》になったらっていう話《はなし》をするね…

これからは国民《こくみん》ひとりあたり1か月《げつ》100万円《まんえん》をずーっと配《くば》ることにしました
ニュース
総理大臣《そうりだいじん》
みなさん このお金《かね》でどんどん好《す》きなものを買《か》いましょう!
ニュース
総理大臣
働《はたら》かなくてすむぞー!
これからは遊《あそ》んでくらすぞ
わあああ
さくら
まる子《こ》ぉー 100万円《まんえん》じゃあー!
おじいちゃーんっ
クイズに優勝《ゆうしょう》もしてないのに100万円《まんえん》だよ～!

みんなの
お金《かね》を合《あ》わせて
家《いえ》の改築《かいちく》を
するか！
いいわね！
お姉《ねえ》ちゃんと
まる子《こ》の部屋《へや》も
作《つく》りましょうね
やったーー
工務店
ええ!?
工事費《こうじひ》が
このチラシの
10倍《ばい》のねだん
になるって!?
安くて早い!
はい…
さくらさんのように
建《た》てかえの
希望者《きぼうしゃ》さんが
急《きゅう》にふえましてね
あちこちの工務店《こうむてん》に
注文《ちゅうもん》が殺到《さっとう》して材料《ざいりょう》が全然《ぜんぜん》
手《て》に入《はい》らないし
工事《こうじ》を
引《ひ》き受《う》ける大工《だいく》も
つかまらないんです

給料《きゅうりょう》を倍《ばい》にするからといってもよそでは3倍《ばい》や5倍《ばい》でさそわれているとことわられたり
3倍なので
5倍もらえるので
材料費《ざいりょうひ》も人件費《じんけんひ》もどんどん上《あ》がっていたりでうちも10倍《ばい》いただかないとやっていけないんですよ
値上がり
それでもよければやりますか?
ぽかーーーん
あこがれのお部屋
安くて早い!
安くて早い!
またこんど…
残念《ざんねん》…夢《ゆめ》のひとり部屋《べや》がぁ…
まあまあ
代《か》わりに特上《とくじょう》の寿司《すし》でも食《く》ってやろうぜ
ざわざわ
すし
あれ

すみません ネタの急《きゅう》な値上《ねあ》がりで 1人前《にんまえ》しかできなくて
ランチ 一万円
なら定価《ていか》の5倍《ばい》の金額《きんがく》はらうからオレに食《く》わせろ
わたしは10倍《ばい》はらうわよ
わーわー
す… 寿司《すし》まで…
ん?
バタバタ…
まる子《こ》——
お母《かあ》さんたち宝石《ほうせき》や着物《きもの》は買《か》えた？
それどころじゃないのよ！
みんなこっち来《き》て手伝《てつだ》って！
やさい
くだもの
それよこせー
わたしのよー
わーわー

まさか食料品《しょくりょうひん》まで値上《ねあ》がり？
うん
わー
いつもは1個《こ》100円《えん》のりんごが3千円《ぜんえん》よ…！
わー
わー
1コ3千円
りんご
あしたはもっとねだんが上《あ》がってるかもっていう市民《しみん》のあせりで買《か》い占《し》めが起《お》きてるんじゃよ
買《か》い占《し》め…
しかたない！うちも行《い》くわよ！
みんな買《か》えるだけ買《か》ってちょうだい！
わー
わー
わー…
わー
わー
という感《かん》じになるよ
ひえー
わかりやすかったし長山《ながやま》くんもうちの家族《かぞく》のことよくわかってるね…
お金《かね》をたくさんもらえてももののねだんも上《あ》がるんじゃなあ…

お金《かね》をたくさん刷《す》ってみんなに配《くば》っても……

みんながいっせいに買《か》いものに走《はし》る

品物《しなもの》がたりなくなり、もののねだんが急《きゅう》に上《あ》がる

配《くば》られたお金《かね》では必要《ひつよう》なものを買《か》うのにたりない

生活《せいかつ》は苦《くる》しいまま世《よ》の中《なか》が混乱《こんらん》して、前《まえ》よりもっと不安《ふあん》に

品切れ
お米

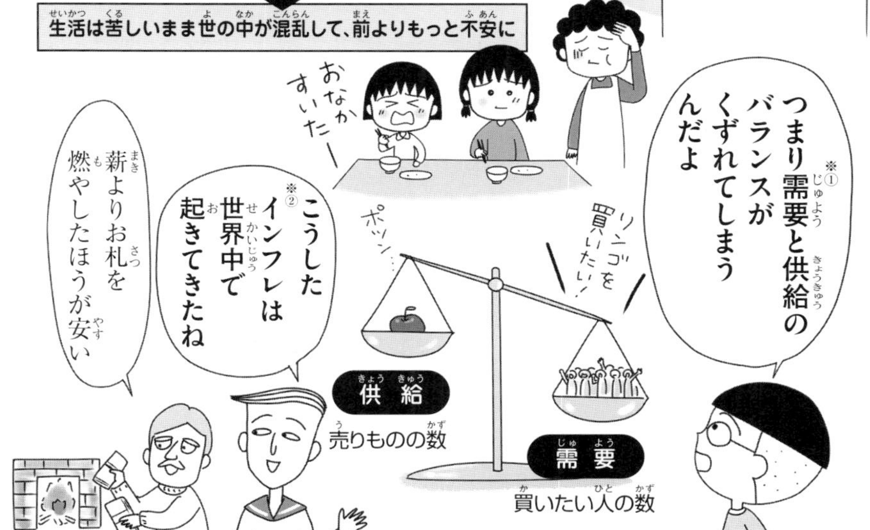
つまり※①需要《じゅよう》と供給《きょうきゅう》のバランスがくずれてしまうんだよ
リンゴを買いたい!
おなかすいた
ポツン…
供給《きょうきゅう》
売《う》りものの数《かず》
需要《じゅよう》
買《か》いたい人《ひと》の数《かず》
こうした※②インフレは世界中《せかいじゅう》で起《お》きてきたね
薪《まき》よりお札《さつ》を燃《も》やしたほうが安《やす》い

そのため国《くに》はお金《かね》の発行《はっこう》にきびしいルールをもうけて経済《けいざい》が混乱《こんらん》しないようにしているんだよ
たくさん刷《す》ればいいってわけじゃないんだね
もうクイズで優勝《ゆうしょう》するしかないかー!
100万円ゲットできるといいね

※①111ページでもくわしく説明《せつめい》しているよ。
※②インフレーション。物価《ぶっか》（もののねだん）が上《あ》がること。

2 お金《かね》はどうやって生《う》まれたの？

お札《さつ》といえば たとえば1万円札《まんえんさつ》を 1枚《まい》作《つく》るのに かかる※費用《ひよう》は
だいたい 20円《えん》くらいって 知《し》ってるかい？
ええ!? 20円!?
原価《げんか》20円《えん》の 紙《かみ》をお店《みせ》に 持《も》っていくと
20円
1万円
1万円《まんえん》のものと 交換《こうかん》できるって 考《かんが》えてみれば 不思議《ふしぎ》だよね
どうして そんなことが できるん だろう？
「これはお金《かね》だ！」って みんなが信用《しんよう》しているからさ
信用《しんよう》？
じゃあ お金《かね》の歴史《れきし》を さかのぼってみようか

※原料《げんりょう》の和紙代《わしだい》、印刷代《いんさつだい》、偽造防止《ぎぞうぼうし》のためのしかけ代《だい》など。

たまには魚《さかな》じゃなくて ほかのものが食《く》いたいなあ
ふーう
おーいっ
その魚《さかな》と この イノシシを 交換《こうかん》して くれないか?
よし 魚《さかな》10匹《ぴき》と イノシシ1頭《とう》を交換《こうかん》だ
お金《かね》がなかった 大昔《おおむかし》はこうやって 物《もの》と物《もの》を交換《こうかん》する 「物々交換《ぶつぶつこうかん》」を していたんだ
これからもときどき 魚《さかな》と肉《にく》を交換《こうかん》 してくれよ
それより向《む》こうでは おおぜいの人《ひと》が集《あつ》まる 「市《いち》」が立《た》ってるぜ

そこでなら肉《にく》だけじゃなく野菜《やさい》や果物《くだもの》とも交換《こうかん》できるぜ
たくさんの人《ひと》が集《あつ》まって もののやりとりをする「市場《いちば》」の誕生《たんじょう》だね
だれかー魚《さかな》と野菜《やさい》を交換《こうかん》してくれませんかー
あいにく今日《きょう》ぼくがほしいのは肉《にく》なんだ
どうしようこのままじゃくさっちゃうよ
市場《いちば》に行《い》ってもいつも自分《じぶん》がほしいものと交換《こうかん》できるとはかぎらない――
そこで人《ひと》びとは「自分《じぶん》が持《も》っているものを保存《ほぞん》がきくものにいったん交換《こうかん》しておく」という方法《ほうほう》を考《かんが》えだしたんだ

大昔《おおむかし》の人《ひと》びとが交換《こうかん》に使《つか》っていたもの

古代中国《こだいちゅうごく》

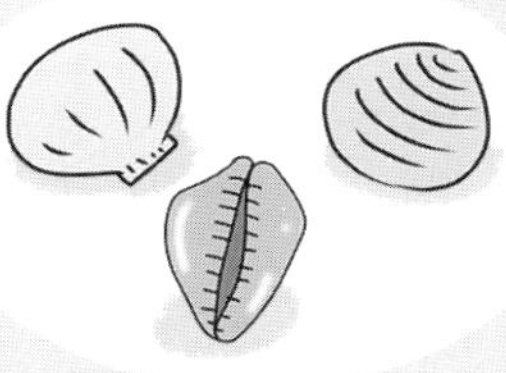

タカラガイなど
めずらしくてきれいな貝《かい》

だからお金《かね》に関《かん》する漢字《かんじ》には「貝《かい》」が使《つか》われているんだね。
例《れい》： 財、買、貧、貯、貨など

古代《こだい》ローマ

塩《しお》

給料《きゅうりょう》を表《あらわ》す「サラリー」という英語《えいご》は塩《しお》（サラリウム）が語源《ごげん》。

古代日本《こだいにほん》

稲《いね》や布《ぬの》

昔《むかし》は稲《いね》のことを「ネ」とよんだ。ねだんの「ね」は、稲《いね》がお金代《かねが》わりだったことを表《あらわ》しているよ。

へえー
おもしれー

古代中国《こだいちゅうごく》
ガヤ
ガヤ
本当《ほんとう》にこんなのでほしいものと交換《こうかん》できるのかなあ
ぼくだまされてるんじゃないかな……

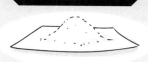

はい
貝《かい》3《みっ》つと
魚《さかな》1匹《ぴき》を交換《こうかん》ね
できた!
「ちゃんと交換《こうかん》できた」
という経験《けいけん》が積《つ》み重《かさ》なる
ことで
人《ひと》びとは
仲立《なかだ》ちする品物《しなもの》を
「ほかのものとの
交換《こうかん》に使《つか》える」
と信用《しんよう》するように
なった――
仲立ち
これがお金《かね》の
はじまりだよ
ほえ!
やがて鉱石《こうせき》から
金《きん》・銀《ぎん》・銅《どう》などの
金属《きんぞく》をとる技術《ぎじゅつ》が
発達《はったつ》すると
鉱《こう》石《せき》
加《か》工《こう》
お金《かね》に
加工《かこう》しやすい上《うえ》に
こわれにくいから
お金《かね》として使《つか》われる
ようになったのさ

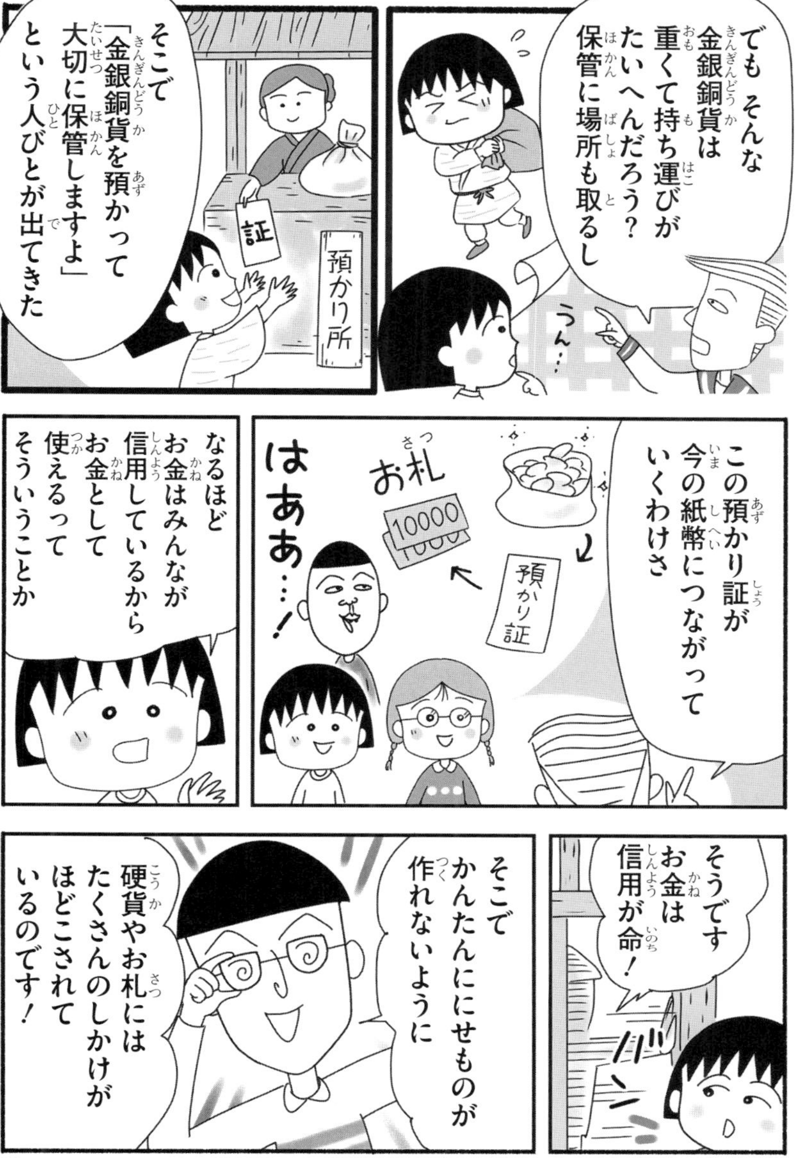
でも そんな 金銀銅貨《きんぎんどうか》は 重《おも》くて持《も》ち運《はこ》びが たいへんだろう? 保管《ほかん》に場所《ばしょ》も取《と》るし
うん…
そこで 「金銀銅貨《きんぎんどうか》を預《あず》かって 大切《たいせつ》に保管《ほかん》しますよ」 という人《ひと》びとが出《で》てきた
証
預かり所
この預《あず》かり証《しょう》が 今《いま》の紙幣《しへい》につながって いくわけさ
預かり証
お札《さつ》
10000
はあ…!
なるほど お金《かね》はみんなが 信用《しんよう》しているから お金《かね》として 使《つか》えるって そういうことか
そうです お金《かね》は 信用《しんよう》が命《いのち》!
そこで かんたんににせものが 作《つく》れないように
硬貨《こうか》やお札《さつ》には たくさんのしかけが ほどこされて いるのです!

コラム

1 お札《さつ》のひみつ

すき入《い》れ

人物《じんぶつ》の顔《かお》がすかしで入《はい》っていて、カラーコピーやパソコンでは再現《さいげん》しにくい！

すき入《い》れバーパターン

1万円札《まんえんさつ》には3本《ぼん》、5千円札《せんえんさつ》には2本《ほん》、千円札《せんえんさつ》には1本《ぽん》のタテ線《せん》がすかしで入《はい》っている！

深凹版印刷《ふかおうはんいんさつ》

インキが盛《も》り上《あ》がって印刷《いんさつ》されている！

パールインキ

お札《さつ》をかたむけると、左右《さゆう》の余白《よはく》にピンクの光沢《こうたく》が見《み》える！

特殊発光《とくしゅはっこう》インキ

紫外線《しがいせん》を当《あ》てると印章《いんしょう》がオレンジ色《いろ》に光《ひか》る！

マイクロ文字《もじ》

「NIPPONGINKO」(日本銀行《にっぽんぎんこう》)と書《か》かれたとても小《ちい》さな文字《もじ》が印《いん》刷《さつ》されている！

潜像模様《せんぞうもよう》

お札《さつ》をかたむけると「10000」の数字《すうじ》がうかびあがる！

識別《しきべつ》マーク

目《め》の不自由《ふじゆう》な人《ひと》がさわって識別《しきべつ》できるよう、お札《さつ》の種類《しゅるい》ごとにちがうマークがザラツキのある印刷《いんさつ》で入っている！

ホログラム

角度《かくど》を変《か》えると色《いろ》や模《も》様《よう》が変化《へんか》して見《み》える！

Q《キュー》 どうして人《ひと》の顔《かお》（肖像《しょうぞう》）が使《つか》われるの？

A《エー》 人間《にんげん》は「顔《かお》」を認識《にんしき》するのが得意《とくい》だから、わずかなちがいのにせ札《さつ》に気《き》づきやすいんだ。

※例外《れいがい》もあるよ

▲２千円札《せんえんさつ》（沖縄《おきなわ》の守礼門《しゅれいもん》）

※海外《かいがい》では宗教《しゅうきょう》や人種《じんしゅ》のちがいによる対立《たいりつ》をさけるために、お札《さつ》に人物《じんぶつ》の肖像《しょうぞう》を使《つか》わない国《くに》もあるよ。

Q《キュー》 お札《さつ》の顔《かお》になる人《ひと》はどうやって選《えら》ばれるの？

A《エー》 条件《じょうけん》はふたつ。①日本《にほん》が世界《せかい》にほこれる人物《じんぶつ》で、国民《こくみん》にもよく知《し》られていること。②精密《せいみつ》な写真《しゃしん》や肖像画《しょうぞうが》が手《て》に入《はい》る人物《じんぶつ》であること。

※以前《いぜん》は政治家《せいじか》もお札《さつ》になっていたけれど、時代《じだい》によって評価《ひょうか》が変《か》わることもあるため、今《いま》は「明治時代以降《めいじじだいいこう》に活躍《かつやく》した、学問《がくもん》・芸術《げいじゅつ》を仕事《しごと》とする人《ひと》」から選《えら》ばれているよ。

Q《キュー》 ２０２４年《ねん》から発行《はっこう》される新《あたら》しいお札《さつ》の顔《かお》は？

A《エー》 幕末《ばくまつ》に生《う》まれて明治時代《めいじじだい》に活躍《かつやく》した３人《にん》だよ。

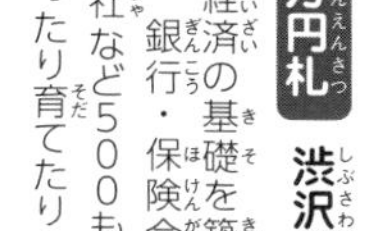

1万円札《まんえんさつ》 **渋沢栄一《しぶさわえいいち》**

日本経済《にほんけいざい》の基礎《きそ》を築《きず》いた実業家《じつぎょうか》。銀行《ぎんこう》・保険会社《ほけんがいしゃ》・鉄道会社《てつどうがいしゃ》など５００もの会社《かいしゃ》を作《つく》ったり育《そだ》てたりした。

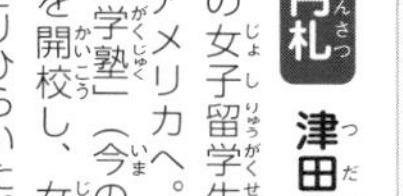

5千円札《せんえんさつ》 **津田梅子《つだうめこ》**

日本初《にほんはつ》の女子留学生《じょしりゅうがくせい》として６歳《さい》でアメリカへ。帰国後《きこくご》、「女子英学塾《じょしえいがくじゅく》」（今《いま》の津田塾大学《つだじゅくだいがく》）を開校《かいこう》し、女性《じょせい》が学《まな》ぶ道《みち》をきりひらいた。

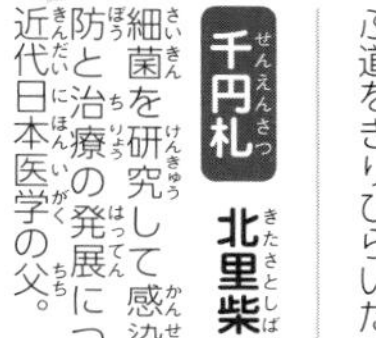

千円札《せんえんさつ》 **北里柴三郎《きたさとしばさぶろう》**

細菌《さいきん》を研究《けんきゅう》して感染症《かんせんしょう》の予《よ》防《ぼう》と治療《ちりょう》の発展《はってん》につくした、近代日本医学《きんだいにほんいがく》の父《ちち》。

※集英社版学習《しゅうえいしゃばんがくしゅう》まんが『世界《せかい》の伝記《でんき》NEXT《ネクスト》』を読《よ》めば、新《あたら》しいお札《さつ》の顔《かお》の３人《にん》の人生《じんせい》がわかるよ！

3 銀行《ぎんこう》ってなにをしているの?

ちょっと銀行《ぎんこう》に行《い》ってくるわね
銀行《ぎんこう》?
まる子《こ》も行《い》きたい!
銀行
キョロ
キョロ
少々《しょうしょう》お待《ま》ちください
どうしたの?
うんっ
金庫《きんこ》ってどこにあるんだろうなって
銀行《ぎんこう》ってでっかい金庫《きんこ》で
みんなのお金《かね》を守《まも》ってくれてるところでしょ?
見たーいっ

あのね
金庫《きんこ》はあるだろうけど
銀行《ぎんこう》は預《あず》かったお金《かね》を
そのまま金庫《きんこ》にねかせて
おいてるわけじゃないのよ
集《あつ》めたお金《かね》を
会社《かいしゃ》や個人《こじん》に貸《か》し出《だ》して
利子《りし》をかせいでいるの
利子《りし》を
かせぐ?
銀行《ぎんこう》は預《あず》かったお金《かね》を貸《か》し出《だ》している
お金《かね》を貸《か》す
銀行
○○会社
新《あたら》しい設備《せつび》を
そろえたい…
家《いえ》を買《か》うので
住宅《じゅうたく》ローンを
組《く》みたい!
利子《りし》をつけて返《かえ》す
お金《かね》を借《か》りた方《ほう》は
利子《りし》をつけて
返《かえ》さなくては
ならない
この利子《りし》が
銀行《ぎんこう》のもうけに
なるというわけ
ふむ
ふむ

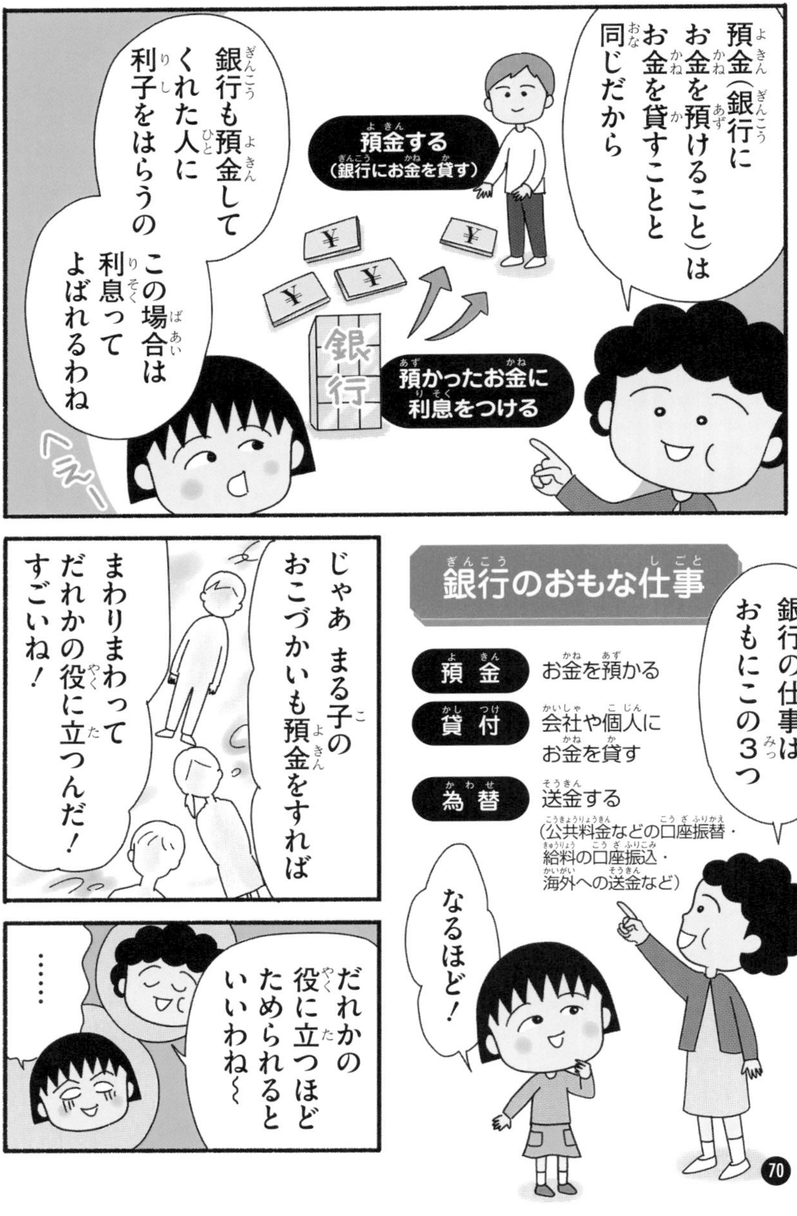

預金《よきん》（銀行《ぎんこう》にお金《かね》を預《あず》けること）はお金《かね》を貸《か》すことと同《おな》じだから
預金《よきん》する（銀行《ぎんこう》にお金《かね》を貸《か》す）
預《あず》かったお金《かね》に利息《りそく》をつける
銀行
銀行《ぎんこう》も預金《よきん》してくれた人《ひと》に利子《りし》をはらうの
この場合《ばあい》は利息《りそく》ってよばれるわね
へえ～
銀行《ぎんこう》のおもな仕事《しごと》
銀行《ぎんこう》の仕事《しごと》はおもにこの3《みっ》つ
預金《よきん》　お金《かね》を預《あず》かる
貸付《かしつけ》　会社《かいしゃ》や個人《こじん》にお金《かね》を貸《か》す
為替《かわせ》　送金《そうきん》する（公共料金《こうきょうりょうきん》などの口座振替《こうざふりかえ》・給料《きゅうりょう》の口座振込《こうざふりこみ》・海外《かいがい》への送金《そうきん》など）
なるほど！
じゃあ まる子《こ》のおこづかいも預金《よきん》をすれば
まわりまわってだれかの役《やく》に立《た》つんだ！ すごいね！
だれかの役《やく》に立《た》つほどためられるといいわね～
……

コラム 2 日本銀行《にっぽんぎんこう》ってどんな銀行《ぎんこう》？

日本銀行《にっぽんぎんこう》は日本《にほん》でただひとつの中央銀行《ちゅうおうぎんこう》よ
次《つぎ》の3《みっ》つの役割《やくわり》があるの

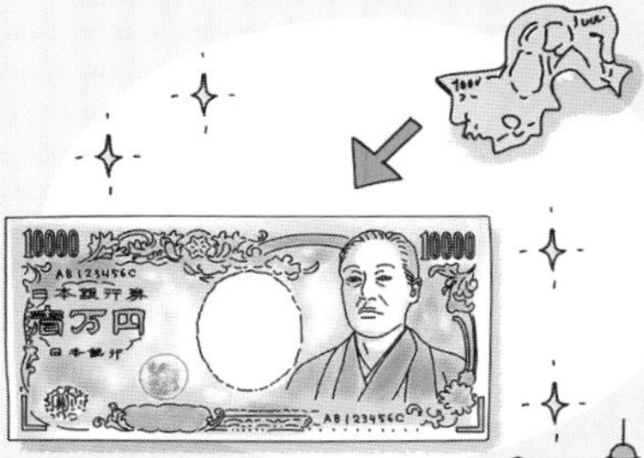

発券銀行《はっけんぎんこう》

景気《けいき》によって量《りょう》を調《ちょう》節《せつ》しながらお札《さつ》を発《はっ》行《こう》したり、いたんだお札《さつ》を使《つか》えるお札《さつ》に交《こう》換《かん》するなどして、お札《さつ》の価値《かち》や信用《しんよう》を守《まも》る。

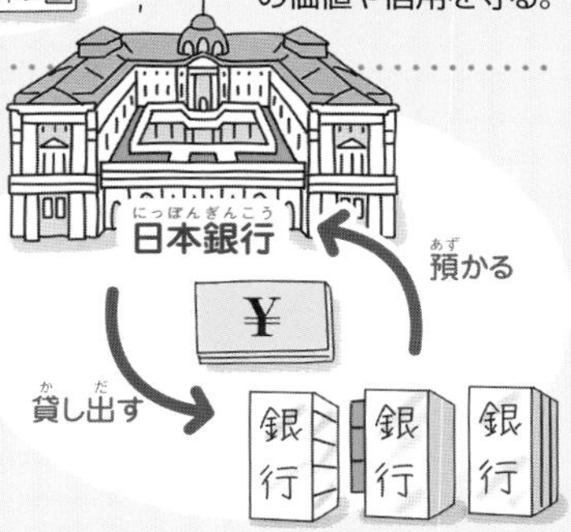
日本銀行《にっぽんぎんこう》
預《あず》かる
貸《か》し出《だ》す
銀行
銀行
銀行

銀行《ぎんこう》の銀行《ぎんこう》

一般《いっぱん》の銀行《ぎんこう》からお金《かね》を預《あず》かったり、貸《か》し出《だ》したりする。業務《ぎょうむ》を審査《しんさ》して、安定《あんてい》した経営《けいえい》ができるように支《ささ》える。

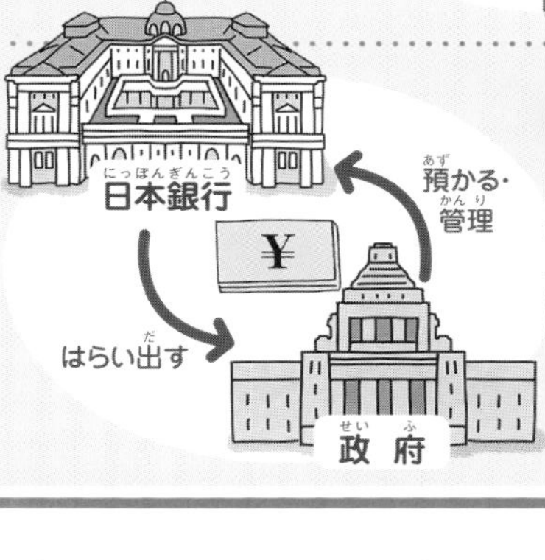
日本銀行《にっぽんぎんこう》
預《あず》かる・管理《かんり》
はらい出《だ》す
政府《せいふ》

政府《せいふ》の銀行《ぎんこう》

政府《せいふ》が集《あつ》めた税金《ぜいきん》や社会保険料《しゃかいほけんりょう》などを預《あず》かって管理《かんり》し、公共事《こうきょうじ》業費《ぎょうひ》や年金《ねんきん》などのはらい出《だ》しに応《おう》じる。

お札《さつ》には「日本銀行券《にっぽんぎんこうけん》」って書《か》いてあるけど…

コラム

3

カード&《アンド》電子《でんし》マネー

プリペイドカード

残金《ざんきん》が0になるまで使《つか》える。

図書
カード
NEXT
¥500
QUO
500
QUO
SMILE

交通系《こうつうけい》・流通系《りゅうつうけい》IC《アイシー》カード

お金《かね》をチャージ（あらかじめ入《にゅう》金《きん》）して使用《しよう》する。

Suica
nanaco
WAON
AEON

クレジットカード

代金《だいきん》をカード会社《がいしゃ》に立《た》てかえてもらい、あとで指定口座《していこうざ》から引《ひ》き落《お》とされる。

しはらいはカードで

二次元《にじげん》コード・バーコード決済《けっさい》

スマホにアプリをインストールして銀行口座《ぎんこうこうざ》やクレジットカード情報《じょうほう》を登録《とうろく》し、お店《みせ》で二次《にじ》元《げん》コードやバーコードを読《よ》み取《と》ってはらう。

お金《かね》が目《め》に見《み》えなくてもはらうことに変《か》わりはないよ
○○ペイで
ピッ

第《だい》3章《しょう》

支《ささ》え合《あ》いのお金《かね》のしくみ

1
税金《ぜいきん》のしくみ
パッ
ニュース
この予算《よさん》について国会《こっかい》では…
ニュースはつまらないからチャンネル変《か》えてよ！
ダメだ　オレたちがはらった税金《ぜいきん》が　ちゃ〜んと使《つか》われるかチェックしないとな！
お金《かね》に興味《きょうみ》が出《で》たならまる子《こ》も見《み》ておかないと
ブー
え〜　税金《ぜいきん》なんて全然《ぜんぜん》わからないよ！
うんっ
わたしも
どれ
じゃあちょっと説明《せつめい》しようか

税金《ぜいきん》はこんなことに使《つか》われている！

国家《こっか》の運営《うんえい》

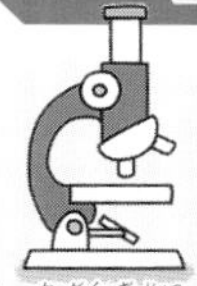
教育《きょういく》、科学技術《かがくぎじゅつ》を発展《はってん》させるための研究費《けんきゅうひ》

政府《せいふ》・府省庁《ふしょうちょう》・国立《こくりつ》の施設《しせつ》の運営《うんえい》

災害《さいがい》からの復興《ふっこう》

外交《がいこう》、国家《こっか》の守《まも》り など

税金《ぜいきん》っていうのは国《くに》や地域社会《ちいきしゃかい》を成《な》り立《た》たせるためにみんなで負担《ふたん》し合《あ》うお金《かね》のことじゃよ

社会保障《しゃかいほしょう》

医療《いりょう》、年金《ねんきん》、介護《かいご》

子育《こそだ》て支援《しえん》

〇〇科
社会福祉《しゃかいふくし》・公的扶助《こうてきふじょ》（生活保護費《せいかつほごひ》） など

地域社会《ちいきしゃかい》の運営《うんえい》

県庁《けんちょう》・市町村《しちょうそん》の役所《やくしょ》の運営《うんえい》

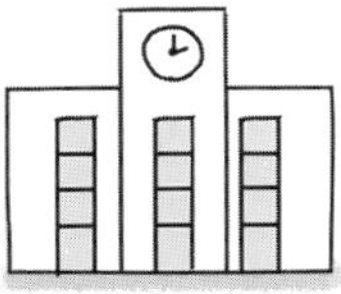
公立病院《こうりつびょういん》・学校《がっこう》・施設《しせつ》の運営《うんえい》

ゴミ処理《しょり》

警察《けいさつ》、消防《しょうぼう》、救急《きゅうきゅう》 など

公共事業《こうきょうじぎょう》

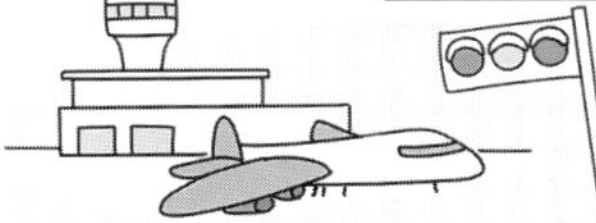
道路《どうろ》、信号《しんごう》、橋《はし》、港《みなと》、空港《くうこう》、公園《こうえん》、上下水道《じょうげすいどう》などの建設《けんせつ》・維持《いじ》

山《やま》くずれや川《かわ》の氾濫《はんらん》をふせぐ治山治水工事《ちさんちすいこうじ》 など

どんな税金《ぜいきん》があるの？

財産《ざいさん》を持《も》つ人《ひと》がおさめる税金《ぜいきん》

固定資産税《こていしさんぜい》

家《いえ》や土地《とち》を持《も》っている人《ひと》が年《ねん》に一度《いちど》おさめる。

自動車税《じどうしゃぜい》 など

車《くるま》を持《も》っている人《ひと》が年《ねん》に一度《いちど》おさめる。

お金《かね》が入《はい》ったときにおさめる税金《ぜいきん》

所得税《しょとくぜい》

自分《じぶん》のかせいだお金《かね》の中《なか》からおさめる。

住民税《じゅうみんぜい》

一定以上《いっていいじょう》の収入《しゅうにゅう》のある人《ひと》が、自分《じぶん》がくらす県《けん》や市《し》におさめる。

相続税《そうぞくぜい》

親《おや》が亡《な》くなったときなど遺《い》産《さん》が入《はい》ったときにおさめる。

贈与税《ぞうよぜい》 など

財産《ざいさん》をゆずられたときにおさめる。

会社《かいしゃ》がおさめる税金《ぜいきん》

法人税《ほうじんぜい》

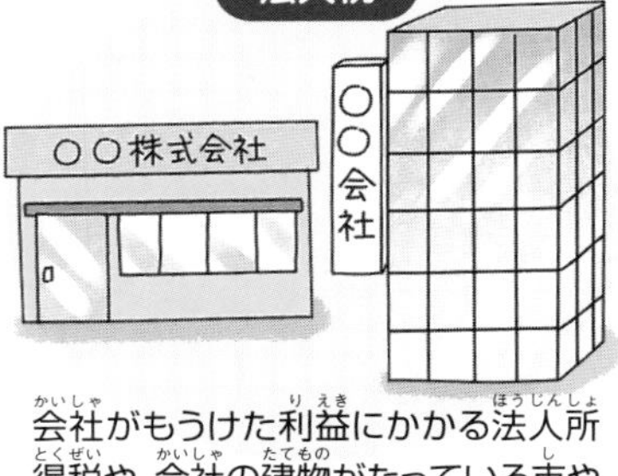

会社《かいしゃ》がもうけた利益《りえき》にかかる法人所《ほうじんしょ》得税《とくぜい》や、会社《かいしゃ》の建物《たてもの》がたっている市《し》や県《けん》におさめる法人住民税《ほうじんじゅうみんぜい》など。

ものを買《か》ったときにおさめる税金《ぜいきん》

消費税《しょうひぜい》

食料品《しょくりょうひん》にはもとのねだんの8%《パーセント》、それ以外《いがい》のものやサービスには10%《パーセント》の税金《ぜいきん》が上乗《うわの》せされる。（2024年現在《ねんげんざい》）

酒税《しゅぜい》 **たばこ税《ぜい》** **ガソリン税《ぜい》** なども

ひえ〜
なにをするにも取《と》られるんだ
ほんと!

とはいっても税金《ぜいきん》がなければ社会《しゃかい》はまわらないからねえ

もしもみんなが税金《ぜいきん》をはらわなくなったら

警察《けいさつ》が来《こ》ない
ゴミ収集車《しゅうしゅうしゃ》が来《こ》ない
橋《はし》や道路《どうろ》がこわれても直《なお》せない
学校《がっこう》で学《まな》べない

そっか個人《こじん》のお金《かね》でそんなことをやるのは無理《むり》だもんね
ん?

ねえ この議員《ぎいん》さん いねむりしてるよ?
仕事中《しごとちゅう》じゃぞ
税金《ぜいきん》の使《つか》い道《みち》を決《き》めるんじゃから気《き》を引《ひ》きしめてほしいのう

税金《ぜいきん》の使《つか》い道《みち》はどうやって決《き》まる?

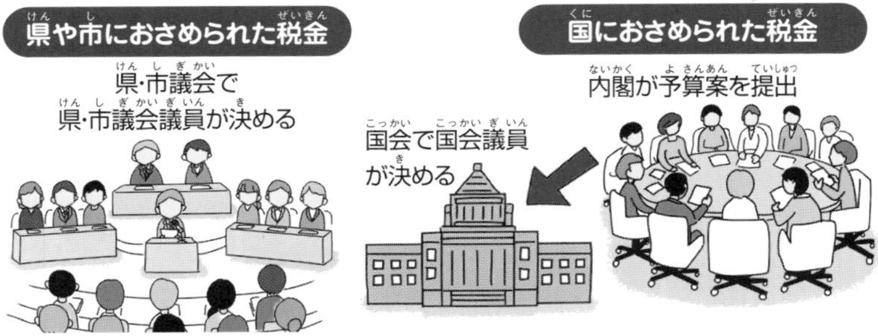
国《くに》におさめられた税金《ぜいきん》
内閣《ないかく》が予算案《よさんあん》を提出《ていしゅつ》
国会《こっかい》で国会議員《こっかいぎいん》が決《き》める
県《けん》や市《し》におさめられた税金《ぜいきん》
県《けん》·市《し》議会《ぎかい》で
県《けん》·市《し》議会議員《ぎかいぎいん》が決《き》める

だから 大人《おとな》になって選挙権《せんきょけん》を持《も》ったらしっかり仕事《しごと》をする政治家《せいじか》に投票《とうひょう》するのよ?
まる子《こ》が大人《おとな》とは想像《そうぞう》つかないなあ
アハハ

税金《ぜいきん》は人《ひと》びとの行動《こうどう》を変《か》える
たばこやお酒《さけ》などに税金《ぜいきん》をかけることで吸《す》いすぎや飲《の》みすぎをふせぎ、問題解決《もんだいかいけつ》のための資金《しきん》にもできる。
酒
ビール
酒税《しゅぜい》
たばこ
たばこ税《ぜい》
ガソリン税《ぜい》
ほかにも税金《ぜいきん》にはこんな役割《やくわり》があるのよ
お酒《さけ》には飲《の》みすぎないように税金《ぜいきん》がかけられているんだ!
だからその分《ぶん》ねだんが高《たか》いの
お父《とう》さんやっぱり飲《の》みすぎはよくないよ
酒《さけ》はオレのノドも国《くに》もうるおすからいいんだよ もう1《いっ》ぱいいこうかな
うちの家計《かけい》はカラカラですので今日《きょう》はここまで
……
すっ

2 年金《ねんきん》のしくみ
今日《きょう》は2か月《げつ》に一度《いちど》の年金《ねんきん》のふりこみの日《ひ》
さくら
すみれさん これ
年金《ねんきん》が入《はい》ったからじいさんとわたしの今月《こんげつ》と来月分《らいげつぶん》の生活費《せいかつひ》をわたすよ
はい たしかに
さあっ 残《のこ》りの年金《ねんきん》でまる子《こ》のほしいものを…
じーーっ
はっ
そうじゃった まる子《こ》のためにも
しばらくは なにかを買《か》ってあげるのは ひかえないとな

……
あーあ
2か月《げつ》に一度《いちど》の
お楽《たの》しみ
だったのに〜
まる子《こ》
年金《ねんきん》ってそもそも
どういうお金《かね》か
わかってるの？
え？
年金《ねんきん》っていうのは
えーっと…

年金《ねんきん》とは？

「1年《ねん》にいくら」という形《かたち》で受《う》け取《と》れるお金《かね》のこと。

老齢年金《ろうれいねんきん》

高齢者《こうれいしゃ》が自分《じぶん》の希望《きぼう》する年《ねん》齢《れい》(65歳以上《さいいじょう》)になったら受《う》け取《と》れる。

障害年金《しょうがいねんきん》

病気《びょうき》や事故《じこ》などで国《くに》が定《さだ》める障害《しょうがい》の状態《じょうたい》になったときに受《う》け取《と》れる。

遺族年金《いぞくねんきん》

年金《ねんきん》の加入者《かにゅうしゃ》が亡《な》くなったときに遺族《いぞく》が受《う》け取《と》れる。

※「年金《ねんきん》」というと、一般的《いっぱんてき》には老齢年金《ろうれいねんきん》をさすよ。

年金《ねんきん》はだれでももらえるの？

受《う》け取《と》るためには「国民年《こくみんねん》金制度《きんせいど》」に加入《かにゅう》する必要《ひつよう》があるよ。20歳《さい》から60歳《さい》までの人《ひと》が毎《まい》年《とし》「年金保険料《ねんきんほけんりょう》」をおさめると、65歳以上《さいいじょう》になったら老齢《ろうれい》年金《ねんきん》を受《う》け取《と》れるんだ。

国民年金《こくみんねんきん》
保険料
保険料
保険料
年金

年金保険料《ねんきんほけんりょう》はどうやっておさめるの？

自営業《じえいぎょう》、フリーランス、アルバイト、無職《むしょく》の人《ひと》、学生《がくせい》など

国《くに》が定《さだ》めた「国民年《こくみんねん》金保険料《きんほけんりょう》」を毎年自《まいとしじ》分《ぶん》でおさめる。

国民年金《こくみんねんきん》

会社員《かいしゃいん》、公務員《こうむいん》

国民年金保険料《こくみんねんきんほけんりょう》に上乗《うわの》せして、所得額《しょとくがく》におうじた「厚生年金保険料《こうせいねんきんほけんりょう》」が給料《きゅうりょう》から天引《てんび》きされる。

厚生年金《こうせいねんきん》
国民年金《こくみんねんきん》

民間保険会社《みんかんほけんがいしゃ》の個人年金《こじんねんきん》とはなにがちがう？

個人年金《こじんねんきん》＝積《つ》み立《た》て方式《ほうしき》

若《わか》いころに自分《じぶん》がはらった保険料《ほけんりょう》が年《とし》をとってから自分《じぶん》にもどってくる。

個人年金《こじんねんきん》

公的年金《こうてきねんきん》＝賦課方式《ふかほうしき》

現役世代《げんえきせだい》がおさめる年《ねん》金保険料《きんほけんりょう》が65歳以上《さいいじょう》の高齢者《こうれいしゃ》の年金《ねんきん》にあてられる。

（税金《ぜいきん》も投入《とうにゅう》されている）

公的年金《こうてきねんきん》

※上記《じょうき》の情報《じょうほう》は2024年現在《ねんげんざい》のものです。年金制度《ねんきんせいど》の課題《かだい》については94ページを見《み》てね。

かんたんにいうと年金《ねんきん》は
若《わか》い世代《せだい》の人《ひと》たちがお年《とし》よりのくらしを支《ささ》えるために仕送《しおく》りをしたお金《かね》ということよ
仕送《しおく》り？
おじいちゃんおばあちゃんも若《わか》いころには自分《じぶん》たちが送《おく》る側《がわ》だった――
仕送り
そうやって前《まえ》の世代《せだい》を助《たす》けたから
今度《こんど》は自分《じぶん》たちが次《つぎ》の世代《せだい》の人《ひと》たちから助《たす》けてもらえるの
そっかあ そういうお金《かね》なら大事《だいじ》に使《つか》わないとね
やっとわかったみたいね
これからは年金《ねんきん》でおもちゃを買《か》ってもらうのは半年《はんとし》に1回《かい》にするよ
……
まだ おねだりする気《き》のまる子《こ》であった

3 社会保障《しゃかいほしょう》のしくみ

お母《かあ》さ〜ん 歯《は》がいたいよ〜
たいへん！ 歯医者《はいしゃ》さん 行《い》きましょ
歯科
処置《しょち》しましたので もうだいじょうぶですよ
ありがとう ございました
よかったわね お会計《かいけい》してくる からね
レントゲンとか 撮《と》っちゃったし
きっとすごく 高《たか》いよ…

お母《かあ》さん
お金《かね》たりる!?
これがあるから
だいじょうぶよ
なにそれ？
健康保険証《けんこうほけんしょう》よ
窓口《まどぐち》で見《み》せると
実際《じっさい》にかかった
診療費《しんりょうひ》の
一部《いちぶ》をはらう
だけですむの
え？
一部《いちぶ》？
そう
日本《にほん》には急《きゅう》にどこかが
いたくなったり
病気《びょうき》になったり
した人《ひと》が
「お金《かね》がないから
病院《びょういん》にかかれない」と
こまることがないように
「健康保険《けんこうほけん》」という
しくみがあるのよ
受付

健康保険《けんこうほけん》とは？

日本《にほん》には、すべての国民《こくみん》が健康保険制度《けんこうほけんせいど》に加入《かにゅう》する義務《ぎむ》がある。
保険料《ほけんりょう》は所得《しょとく》におうじて決《き》まるよ。

それ以外《いがい》のすべての国民《こくみん》

「国民健康保険《こくみんけんこうほけん》」に加入《かにゅう》して、保険料《ほけんりょう》を自分《じぶん》でおさめる。

75歳以上《さいいじょう》の人《ひと》と障害《しょうがい》が認定《にんてい》される65歳以上《さいいじょう》の人《ひと》

「後期高齢者医療制度《こうきこうれいしゃいりょうせいど》」に加入《かにゅう》して、保険料《ほけんりょう》を自分《じぶん》でおさめる。

会社員《かいしゃいん》・公務員《こうむいん》など

会社《かいしゃ》や役所《やくしょ》などの「健《けん》康保険《こうほけん》」に加入《かにゅう》。保険料《ほけんりょう》は給料《きゅうりょう》から天引《てんび》きされる。

病院《びょういん》の窓口《まどぐち》で「健康保険証《けんこうほけんしょう》」を見《み》せると？

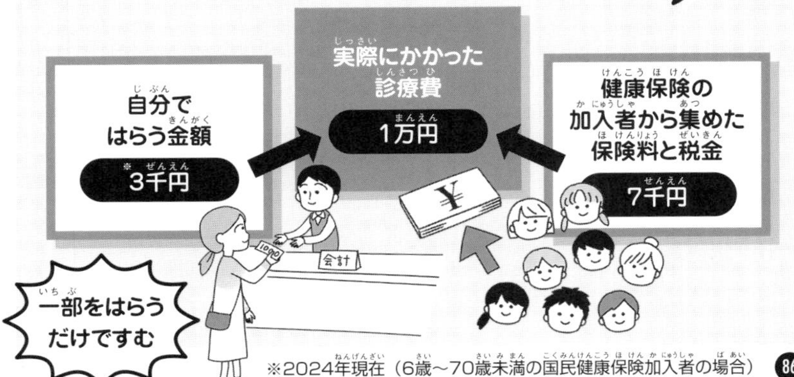

自分《じぶん》ではらう金額《きんがく》
※3千円《ぜんえん》
実際《じっさい》にかかった診療費《しんさつひ》
1万円《まんえん》
健康保険《けんこうほけん》の加入者《かにゅうしゃ》から集《あつ》めた保険料《ほけんりょう》と税金《ぜいきん》
7千円《せんえん》
1000
会計
¥
一部《いちぶ》をはらうだけですむ

※2024年現在《ねんげんざい》（6歳《さい》〜70歳未満《さいみまん》の国民健康保険加入者《こくみんけんこうほけんかにゅうしゃ》の場合《ばあい》）

まる子《こ》
歯医者《はいしゃ》へ行《い》ったのかい？
うん
保険証《ほけんしょう》を使《つか》ったよ
海外《かいがい》には健康保険《けんこうほけん》の制度《せいど》がない国《くに》もあるんだよね
そうなの？
お金《かね》がないからって病院《びょういん》に行《い》くのをがまんすることもあるらしいよ
いたいのをがまんするなんていやだよ
病気以外《びょうきいがい》にもこまりごとはいろいろあるぞ
突然《とつぜん》 仕事《しごと》や一家《いっか》の働《はたら》き手《て》を失《うしな》ったりな
倒産
そういうときの支《ささ》え合《あ》いのために
健康保険《けんこうほけん》のほかにもさまざまな社会保障《しゃかいほしょう》のしくみがあるのよ

社会保障制度《しゃかいほしょうせいど》とは？

国民《こくみん》の生活《せいかつ》を守《まも》る
セーフティーネットのこと。

社会保険《しゃかいほけん》

「健康保険《けんこうほけん》」や「年金《ねんきん》」のほかに、次《つぎ》のような保険《ほけん》があるよ。

介護保険《かいごほけん》

高齢《こうれい》で要介護状態《ようかいごじょうたい》になった人《ひと》が施設《しせつ》などを利用《りよう》したとき、一部《いちぶ》の費用負担《ひようふたん》ですむ。

雇用保険《こようほけん》

失業《しつぎょう》した人《ひと》が次《つぎ》の仕事《しごと》が見《み》つかるまでの一定期《いっていき》間《かん》、保険金《ほけんきん》を受《う》け取《と》れる。

労災保険《ろうさいほけん》

仕事《しごと》が原因《げんいん》でけがや病気《びょうき》をしたり死亡《しぼう》したときに保険金《ほけんきん》を受《う》け取《と》れる。

社会福祉《しゃかいふくし》

手助《てだす》けが必要《ひつよう》な人《ひと》を税金《ぜいきん》で支援《しえん》するよ。

子育《こそだ》て支援《しえん》

高齢者《こうれいしゃ》の生《い》きがいづくり

障害者《しょうがいしゃ》のサポート

など

こうしたしくみがあるおかげで
多《おお》くの人《ひと》が安心《あんしん》してくらせるんじゃな
おかげでまる子《こ》も安心《あんしん》して虫歯《むしば》になれるってもんだね？
まる子っ
それはちがうよ
安心《あんしん》のもとになるお金《かね》はみんながはらう保険料《ほけんりょう》や税金《ぜいきん》じゃ
自分《じぶん》だけでなく世《よ》のため人《ひと》のためにも健康《けんこう》がいちばんじゃよ
そっか
ほらっ
今日《きょう》はもう歯《は》みがきしてねろ
朝《あさ》は早起《はやお》きして適度《てきど》な運動《うんどう》もね
わかったけど全部《ぜんぶ》にがてなことばかりだよ〜
アハハ…
世《よ》のため人《ひと》のための道《みち》はなかなかけわしいのであった

4 保険《ほけん》のしくみ

カンカンカン
ウー
まる子《こ》 見《み》て
火事《かじ》！
…
だいじょうぶかな
ご近所《きんじょ》さんに聞《き》いたぞ
ストーブの消《け》しわすれで家《いえ》は焼《や》けたけど全員無事《ぜんいんぶじ》だって
ほっ
命《いのち》が助《たす》かったのはなによりじゃ

でも家《いえ》が
燃《も》えちゃったなんて！
その人《ひと》たちこれから
どうするの？
そうね
火災保険《かさいほけん》に入《はい》っていると
いいいんだけどね
火災保険《かさいほけん》？
前《まえ》に「まさか もしも」
にそなえて貯金《ちょきん》を
しているって話《はなし》を
したでしょう？
その「まさか」が
実際《じっさい》に起《お》きて
しまったときに
貯金《ちょきん》とともに
大《おお》きな助《たす》けになって
くれるものなのよ

保険《ほけん》の種類《しゅるい》

個人保険《こじんほけん》

公的保険《こうてきほけん》

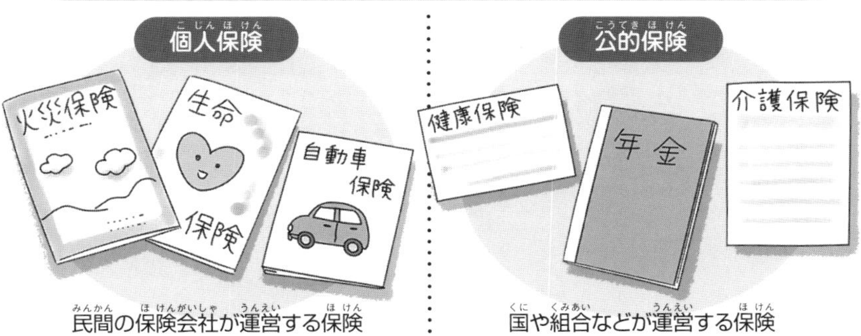
火災保険
生命保険
自動車保険
健康保険
年金
介護保険

民間《みんかん》の保険会社《ほけんがいしゃ》が運営《うんえい》する保険《ほけん》

国《くに》や組合《くみあい》などが運営《うんえい》する保険《ほけん》

※「保険《ほけん》」というと、一般的《いっぱんてき》には個人保険《こじんほけん》をさすよ。

個人保険《こじんほけん》の種類《しゅるい》

ものに対《たい》する保険《ほけん》

火災《かさい》・地震保険《じしんほけん》

火災《かさい》・地震《じしん》での損害《そんがい》にそなえる。

自動車保険《じどうしゃほけん》

自動車事故《じどうしゃじこ》での損害《そんがい》や車《くるま》が盗《ぬす》まれたときにそなえる。

個人賠償責任保険《こじんばいしょうせきにんほけん》

他人《たにん》に損害《そんがい》をあたえたときにそなえる。

人《ひと》に対《たい》する保険《ほけん》

生命保険《せいめいほけん》

契約者《けいやくしゃ》が死亡《しぼう》したとき、遺族《いぞく》などに保険金《ほけんきん》がはらわれる。

医療保険《いりょうほけん》

入院《にゅういん》・手術《しゅじゅつ》した場合《ばあい》に保険金《ほけんきん》がはらわれる。

※ほかにもさまざまな保険《ほけん》があるよ。

〈保険料《ほけんりょう》が高《たか》くなる例《れい》〉
生命保険《せいめいほけん》
高齢者《こうれいしゃ》
医療保険《いりょうほけん》
持病《じびょう》がある
火災《かさい》・地震保険《じしんほけん》
古《ふる》い建物《たてもの》
受《う》け取《と》る保険金《ほけんきん》が多《おお》かったり当事者《とうじしゃ》になる可能性《かのうせい》が高《たか》かったりすると保険料《ほけんりょう》も高《たか》くなるんじゃ

契約者《けいやくしゃ》
保険会社《ほけんがいしゃ》
当事者《とうじしゃ》が受《う》け取《と》る
おおぜいの契約者《けいやくしゃ》がはらった保険料《ほけんりょう》が
実際《じっさい》に事故《じこ》や病気《びょうき》の当事者《とうじしゃ》になった人《ひと》への保険金《ほけんきん》にあてられるの

火災保険《かさいほけん》の保険金《ほけんきん》がおりれば家《いえ》の建《た》てかえ費用《ひよう》にもあてられる
保険《ほけん》にはちゃんと入《はい》っておくものじゃね

しくみは全部《ぜんぶ》いっしょなんだね

みんなで出《だ》し合《あ》ったお金《かね》がこまっている人《ひと》を助《たす》けるような世《よ》の中《なか》になっているんだね
¥
税金《ぜいきん》
個人保険《こじんほけん》
保険証
年金《ねんきん》
健康保険《けんこうほけん》

そうね
そんな社会《しゃかい》を守《まも》るために大事《だいじ》なことを……
大人《おとな》になってもおぼえておくのよ!
はーい

1 かせいだお金《かね》から税金《ぜいきん》や社会保険料《しゃかいほけんりょう》をおさめる

2 選挙《せんきょ》へ行《い》って信頼《しんらい》できる政治家《せいじか》に投票《とうひょう》する

3 税金《ぜいきん》が正《ただ》しく使《つか》われているか監視《かんし》する

4 税金《ぜいきん》や社会保険《しゃかいほけん》でカバーできないものは貯金《ちょきん》や個人保険《こじんほけん》でそなえる

コラム 4

年金《ねんきん》って本当《ほんとう》にもらえるの？

「少子高齢化《しょうしこうれいか》」ということばを聞《き》いたことはあるかな？

日本《にほん》では今《いま》お年《とし》よりがふえて子《こ》どもの数《かず》がへっているんだ

1960年《ねん》 昔《むかし》は働《はたら》く現役世代《げんえきせだい》の割合《わりあい》が多《おお》かったけど…

……………年金《ねんきん》を受《う》け取《と》る人《ひと》 **1人《ひとり》**

…年金《ねんきん》をはらう人《ひと》 **11.2人《にん》**

2060年頃《ねんごろ》（予想《よそう》） 少子高齢化《しょうしこうれいか》が進《すす》むと……？

…………年金《ねんきん》を受《う》け取《と》る人《ひと》 **1人《ひとり》**

………………年金《ねんきん》をはらう人《ひと》 **1.3人《にん》**

今《いま》の年金制度《ねんきんせいど》には大《おお》きな課題《かだい》があるんだ

年金制度《ねんきんせいど》を続《つづ》けるためには

社会状況《しゃかいじょうきょう》に合《あ》わせて改革《かいかく》することが求《もと》められているよ

第《だい》4章《しょう》

世《よ》の中《なか》と お金《かね》の関係《かんけい》

1 お金《かね》ってどうやってかせぐの?
おう まる子《こ》 手品《てじな》セットの 貯金《ちょきん》 今《いま》いくら たまった?
1月《がつ》と2月《がつ》の おこづかいから 300円《えん》ずつ入《い》れて 今《いま》600円《えん》だよ
そうか
目標《もくひょう》の3千円《ぜんえん》までには まだまだ長《なが》い道《みち》のりだな
本当《ほんとう》だよ
そこでだ さっき お母《かあ》さんと相談《そうだん》したん だけどよ
手品《てじな》セットのお金《かね》が たまるまでの 期間限定《きかんげんてい》で
家《いえ》の手伝《てつだ》いをしたら お姉《ねえ》ちゃんとまる子《こ》に 給料《きゅうりょう》をあげようかと思《おも》って
え…

給料《きゅうりょう》!?
金《かね》っていうのは働《はたら》いて手《て》に入《い》れるもんだ
それなら実際《じっさい》に仕事《しごと》をしてお金《かね》をかせぐのがわかりやすいと思《おも》ってよ
わーい ありがとう お父《とう》さん お母《かあ》さん
やったーー
ちゃんと働《はたら》いてからよ？
というわけでどんなお手伝《てつだ》いをするか給料《きゅうりょう》をいくらにするかを家族会議《かぞくかいぎ》で決《き》めることになってさ
それでズバリわれわれに相談《そうだん》したいこととは？

ズバリ給料《きゅうりょう》をドカンとかせぐ方法《ほうほう》だよ！
本当《ほんとう》にズバリいうね…
それにはまずおうちの人《ひと》の※ニーズをつかむことだね
ニーズ…
世《よ》の中《なか》の仕事《しごと》はすべてだれかのニーズがあるからこそ成《な》り立《た》っているものさ
お手伝《てつだ》いのニーズってなんだろうね
みんなは家《いえ》でどんなときに「手伝《てつだ》って」っていわれるの？

※求《もと》めているもの。必要《ひつよう》としていること。

お母《かあ》さんがどうしても手《て》がはなせないときになにかたのまれることが多《おお》いよ
お砂糖《さとう》切《き》らしちゃった買《か》ってきてくれる？
わかった
うんうんあるよね
ズバリ
ねこの手《て》もかりたいほどいそがしいときにニーズが生《う》まれるでしょう
じゃあねこの手《て》をかせばいいんだね
メモメモ
オレは屋根裏部屋《やねうらべや》を秘密基地《ひみつきち》にしようと思《おも》って片《かた》づけたとき…

いつかやらなきゃと思《おも》ってたんだよ
これなら物置《ものおき》にして使《つか》えるよありがとよ!
秘密基地《ひみつきち》はダメになったけど母《かあ》ちゃんにはすごくよろこばれたぜ
あとまわしになっている家《いえ》の仕事《しごと》を引《ひ》き受《う》けるのもよさそうだね
さくらの家《いえ》ならではのニーズもありそうだよね
そうだねありがとう…
さぐってみるよ!

ごちそうさま すぐに動《うご》きたく ないねえ
おなかいっぱいですね ちょっと食休《しょくやす》みしましょう
今日《きょう》もよく 働《はたら》いた
あしたこそ 重《おも》いこしを上《あ》げて 庭《にわ》そうじを せんとな
?
よーし
みんなのニーズは つかんだ!
これで ガッポリ かせげるぞー!
はたして うまくいくのか?

2 報酬《ほうしゅう》ってどうやって決《き》まるの？

では まる子《こ》のお手伝《てつだ》いについて今《いま》から家族会議《かぞくかいぎ》をはじめます
議題《ぎだい》はどんなことをしてもらうと助《たす》かるか
フフフ 今日《きょう》からまる子《こ》のお金持《かねも》ち生活《せいかつ》がはじまるよ
おばあちゃんと話《はな》してたんだけど食事《しょくじ》のあとすぐに動《うご》くのはおっくうなんですよね
そうそう
食《た》べたらすぐに全員分《ぜんいんぶん》の食器《しょっき》を流《なが》しに運《はこ》んでもらえると助《たす》かるね
じゃーん
そう思《おも》ってこんな券《けん》を用意《ようい》したよ！
食《た》べたあと すぐに食器《しょっき》のあと片《かた》づけをします券《けん》 1回《かい》100円《えん》
あら！

お父《とう》さんにはコレ!
ばんっ
つかれたときに肩《かた》たたきします券《けん》
1回《かい》100円《えん》
おじいちゃんにはコレ!
ばんっ
あとまわしにしていた用事《ようじ》を片《かた》づけます券《けん》
1回《かい》500円《えん》から
どんなことでもねこの手《て》かします券《けん》
1回《かい》100円《えん》から
(ねだん相談《そうだん》)
おお! すごいなまる子《こ》!
よく考《かんが》えたわね
庭《にわ》そうじなんかもお願《ねが》いできるのかい?
もちろんだよ!
フフフ大成功《だいせいこう》
まる子《こ》は家族《かぞく》のニーズをよくわかってるからね
バンバンたのんでよ
?

でもちょっと高《たか》すぎ！
え
そ
そう!?
給料《きゅうりょう》をはらう側《がわ》にも予算《よさん》があるからねえ
庭《にわ》そうじ1回《かい》500円《えん》じゃ気軽《きがる》にたのめんよ
報酬《ほうしゅう》(仕事《しごと》の対価《たいか》)をいくらにするかは仕事《しごと》をする側《がわ》とお金《かね》をはらう側《がわ》の両方《りょうほう》が納得《なっとく》しないとね
報酬《ほうしゅう》
この金額《きんがく》で…
それにまる子《こ》はまだ家事《かじ》見習《みなら》い中《ちゅう》だろ？
給料《きゅうりょう》も見習《みなら》い価格《かかく》がいいとこだ

新人《しんじん》・見習《みなら》い
技術《ぎじゅつ》が低《ひく》い
報酬《ほうしゅう》は少《すく》ない
ベテラン
技術《ぎじゅつ》が高《たか》い
報酬《ほうしゅう》は多《おお》い
¥
¥
これが世《よ》の中《なか》の決《き》まりだから…
まる子《こ》の給料《きゅうりょう》はこれ
お姉《ねえ》ちゃんと交代《こうたい》でやること
夕食後《ゆうしょくご》の片《かた》づけ → 1回《かい》20円《えん》
お風呂《ふろ》そうじ → 1回《かい》20円《えん》
たのまれたときにやること
洗《せん》たくものをたたむ → 1回《かい》10円《えん》
肩《かた》たたき → 1回《かい》10円《えん》
ねこの手《て》かします → 1回《かい》30円《えん》
めんどうな仕事《しごと》 → ねだんは相談《そうだん》
約束《やくそく》
給料《きゅうりょう》は手品《てじな》セット貯金箱《ちょきんばこ》に入《い》れる
そっか〜
とほほ…
お金《かね》をかせぐのって甘《あま》くないのよ

3 ねだんの決《き》まりかた 経費《けいひ》ってなに?

まる子《こ》ちょうどいいところに
今《いま》からねこの手《て》1回《かい》お願《ねが》いできる?
ねこの手《て》かします 30円《えん》
10
10
10
いいよ!
いっしょにスーパーに行《い》ってほしいの
スーパー
目玉商品《めだましょうひん》
おひとりさま1点《てん》かぎり
はい持《も》って!
せんざい
ひとり1点《てん》だからまる子《こ》も連《つ》れてきたんだね

ところで目玉商品《めだましょうひん》ってどういうこと？
目玉商品《めだましょうひん》をめあてに客《きゃく》がたくさん来《く》る
来《き》たついでに目玉商品《めだましょうひん》以外《いかい》のものも買《か》う
結果的《けっかてき》にスーパーは損《そん》をしない
お客《きゃく》さんを集《あつ》めるために特別《とくべつ》に大安《おおやす》売《う》りしてる品物《しなもの》ってことよ
なるほど
お母《かあ》さんもまんまとつられて来《き》たもんね
コホン
買《か》いものはお店《みせ》とお客《きゃく》の知恵《ちえ》くらべなの
お客《きゃく》
お得《とく》に買《か》いものしたい
お店《みせ》
たくさん売《う》ってもうけたい
VS.
お母《かあ》さんだって負《ま》けないわよ ほかにお買《か》い得《どく》商品《しょうひん》は…
あっ

チョコ
39円
このチョコだがし屋《や》さんで50円《えん》だったよ!?
ショックー!
同《おな》じものなのにお店《みせ》によってねだんがちがうのはかかっている「経費《けいひ》」がちがうせいね
経費《けいひ》?
ものを作《つく》ったり売《う》ったりするのにかかる費用《ひよう》のことよ
これが経費《けいひ》だ!
作《つく》るための費用《ひよう》
カカオ
原材料費《げんざいりょうひ》
機械設備費《きかいせつびひ》
人件費《じんけんひ》
など
運《はこ》ぶための費用《ひよう》
保管費《ほかんひ》
運搬費《うんぱんひ》
人件費《じんけんひ》
など
売《う》るための費用《ひよう》
スーパー
店《みせ》の運営費《うんえいひ》
人件費《じんけんひ》
など

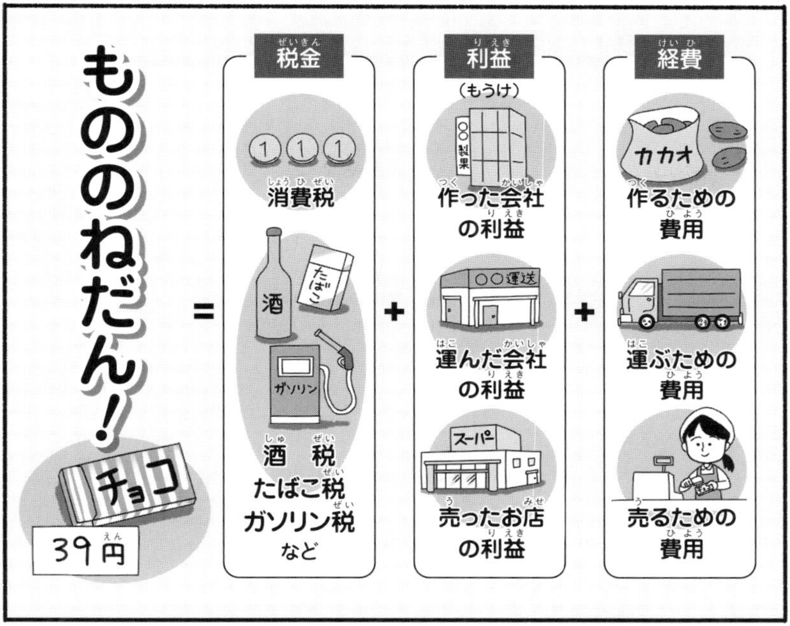
もののねだん！
チョコ
39円《えん》
=
税金《ぜいきん》
消費税《しょうひぜい》
酒
たばこ
ガソリン
酒《しゅ》　税《ぜい》
たばこ税《ぜい》
ガソリン税《ぜい》
など
+
利益《りえき》
（もうけ）
○○製菓
作《つく》った会社《かいしゃ》の利益《りえき》
○○運送
運《はこ》んだ会社《かいしゃ》の利益《りえき》
スーパー
売《う》ったお店《みせ》の利益《りえき》
+
経費《けいひ》
カカオ
作《つく》るための費用《ひよう》
運《はこ》ぶための費用《ひよう》
売《う》るための費用《ひよう》

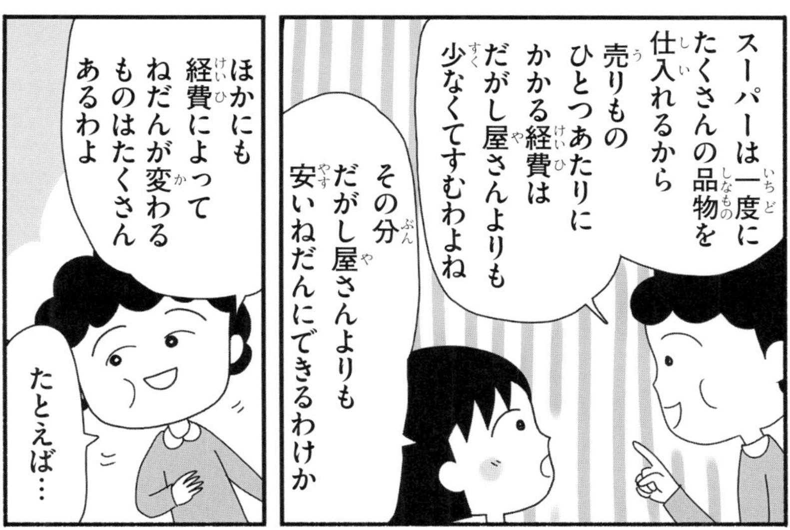
スーパーは一度《いちど》にたくさんの品物《しなもの》を仕入《しい》れるから売《う》りものひとつあたりにかかる経費《けいひ》はだがし屋《や》さんよりも少《すく》なくてすむわよね
その分《ぶん》だがし屋《や》さんよりも安《やす》いねだんにできるわけか
ほかにも経費《けいひ》によってねだんが変《か》わるものはたくさんあるわよ
たとえば…

ねだんのちがいは経費《けいひ》のちがい

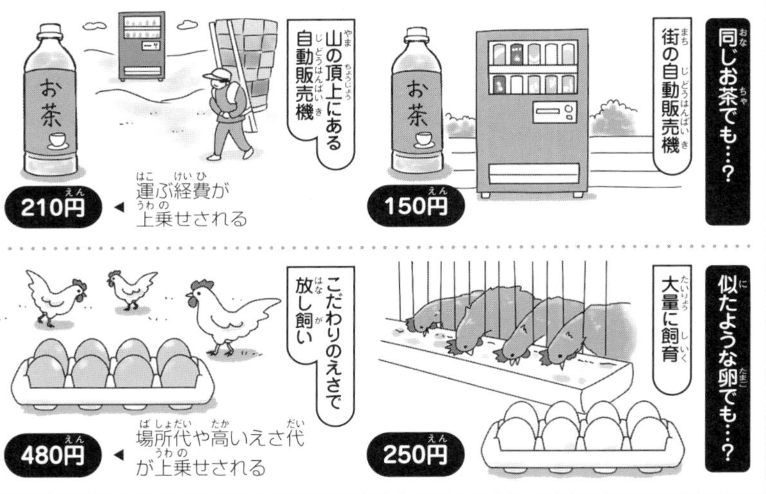

同《おな》じお茶《ちゃ》でも…？
街《まち》の自動販売機《じどうはんばいき》
150円《えん》
山《やま》の頂上《ちょうじょう》にある自動販売機《じどうはんばいき》
お茶
210円《えん》
運《はこ》ぶ経費《けいひ》が上乗《うわの》せされる
似《に》たような卵《たまご》でも…？
大量《たいりょう》に飼育《しいく》
250円《えん》
こだわりのえさで放《はな》し飼《が》い
480円《えん》
場所代《ばしょだい》や高《たか》いえさ代《だい》が上乗《うわの》せされる

似《に》たような商品《しょうひん》なのにねだんがちがう理由《りゆう》を調《しら》べてみるとおもしろいかもね
ふーん…じゃあ
2種類《しゅるい》のプリンを食《た》べくらべてなんでねだんがちがうのか調《しら》べてみるのはどう？
お母《かあ》さん食《た》べたことあるから説明《せつめい》してあげるわよ
もーっ

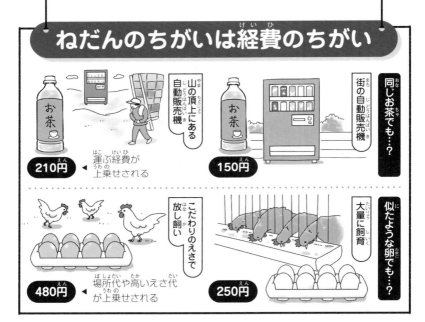

4 ねだんの決《き》まりかた

需要《じゅよう》と供給《きょうきゅう》ってなに？

今日《きょう》はこれがお買《か》い得《どく》だよ〜〜！

もののねだんには「需要《じゅよう》と供給《きょうきゅう》」も大《おお》きく関《かか》わっているわね
そのことば前《まえ》に長山《ながやま》くんたちから聞《き》いたよ

もののねだんは「需要《じゅよう》と供給《きょうきゅう》」で決まる

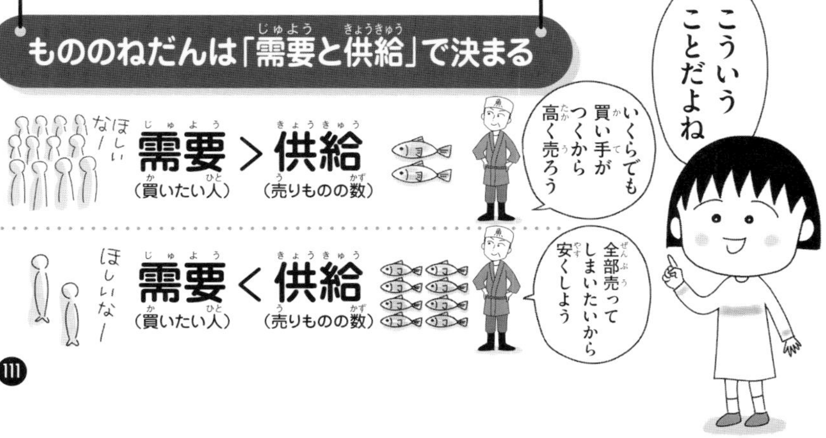
こういうことだよね
ほしいな！
需要《じゅよう》＞供給《きょうきゅう》
（買《か》いたい人《ひと》）
（売《う》りものの数《かず》）
いくらでも買《か》い手《て》がつくから高《たか》く売《う》ろう
ほしいな〜
需要《じゅよう》＜供給《きょうきゅう》
（買《か》いたい人《ひと》）
（売《う》りものの数《かず》）
全部《ぜんぶ》売《う》ってしまいたいから安《やす》くしよう

とうっ
魚《さかな》や野菜《やさい》 果物《くだもの》は旬《しゅん》※や天候《てんこう》で とれる量《りょう》が 大《おお》きく変《か》わるから…
旬
安《やす》く買《か》えるときを のがさないことね
需要《じゅよう》と供給《きょうきゅう》で ねだんが決《き》まるものは ほかにもあるの？
手《て》に入《はい》りにくい ものや 給料《きゅうりょう》や…
需要《じゅよう》と供給《きょうきゅう》の関係《かんけい》でねだんが決《き》まるもの
ほしい！
きれい！
めずらしい宝石《ほうせき》
高《たか》くても買《か》う人《ひと》がいるため、高《たか》いねだんがつけられる
いや うちのチームに！
うちのチームに ぜひ来《き》てほしい！
スター選手《せんしゅ》
STARS
高《たか》い年俸《ねんぼう》や出演料《しゅつえんりょう》で契約《けいやく》がむすばれる

※いちばんよくとれ、おいしい時期《じき》のこと。

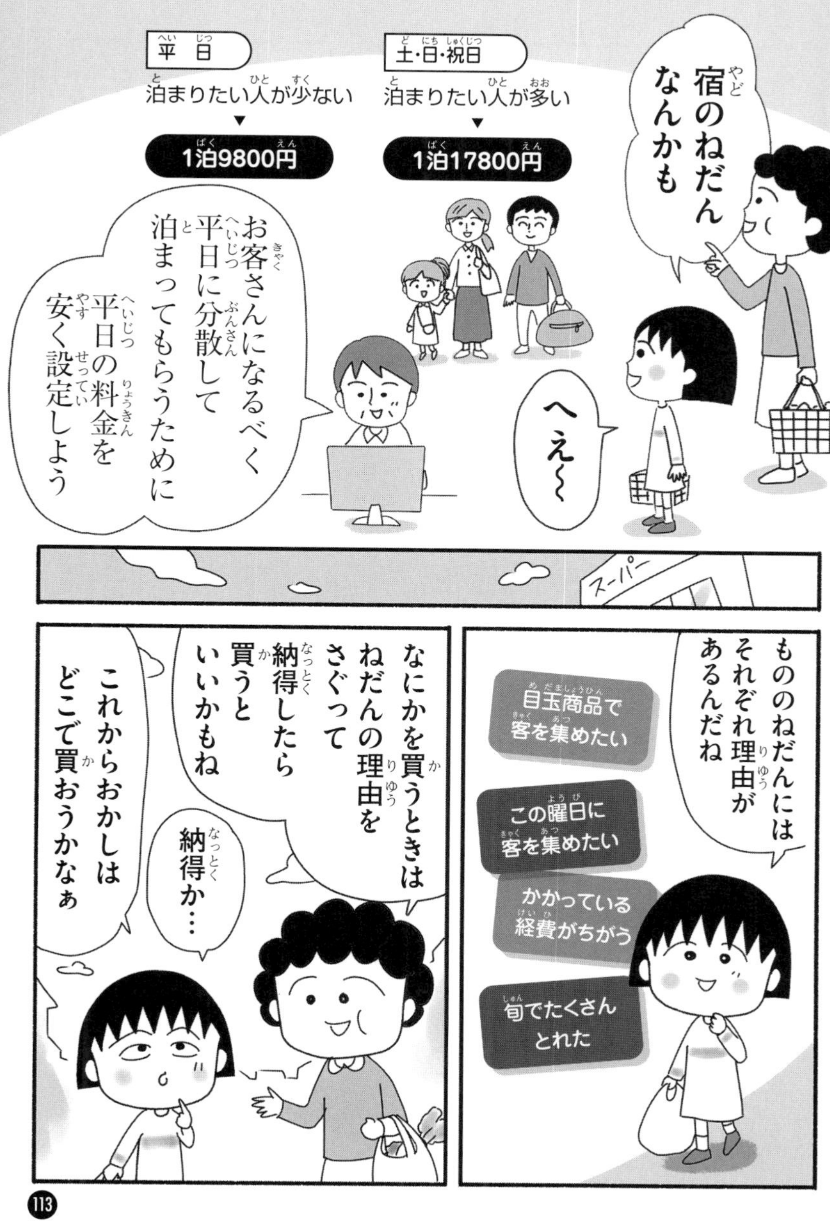
宿《やど》のねだんなんかも
平日《へいじつ》
泊《と》まりたい人《ひと》が少《すく》ない
1泊《ぱく》9800円《えん》
土《ど》・日《にち》・祝日《しゅくじつ》
泊《と》まりたい人《ひと》が多《おお》い
1泊《ぱく》17800円《えん》
お客《きゃく》さんになるべく平日《へいじつ》に分散《ぶんさん》して泊《と》まってもらうために平日《へいじつ》の料金《りょうきん》を安《やす》く設定《せってい》しよう
へえ〜
スーパー
もののねだんにはそれぞれ理由《りゆう》があるんだね
目玉商品《めだましょうひん》で客《きゃく》を集《あつ》めたい
この曜日《ようび》に客《きゃく》を集《あつ》めたい
かかっている経費《けいひ》がちがう
旬《しゅん》でたくさんとれた
なにかを買《か》うときはねだんの理由《りゆう》をさぐって納得《なっとく》したら買《か》うといいかもね
納得《なっとく》か…
これからおかしはどこで買《か》おうかなぁ

ねだんはスーパーが安《やす》いけどだがし屋《や》さんもいいとこあるし…
だがし屋《や》
● 家《いえ》から近《ちか》い
● ガチャガチャもあって楽《たの》しい
● おばちゃんがおまけしてくれる
だがし
だったら目的《もくてき》に合《あ》わせて買《か》うお店《みせ》を決《き》めたらどう？
友《とも》だちと遊《あそ》びたい
▼
だがし屋《や》
おかしをたくさん買《か》いたい
▼
スーパー
スーパー
だがし
そっかあ！さっすがお母《かあ》さん！なんども店《みせ》と知恵《ちえ》くらべをしてきた主婦《しゅふ》のかがみだよ！
おだてたって給料《きゅうりょう》の上《うわ》のせはしないわよ？
うっ…
さ帰《かえ》ってプリン食《た》べましょ
えっ 買《か》ってくれたの⁉
わーい
いちばん安《やす》いのよ

コラム5 落語《らくご》「千両《せんりょう》みかん」

落語《らくご》にもお金《かね》の話《はなし》はたくさんあるよ…

江戸《えど》時代《じだい》
みかんがどうしても食《た》べたい…
病気《びょうき》の息子《むすこ》のために買《か》ってきておくれ
八百屋
夏《なつ》なのにみかんなんてあるわけないだろう
みかん問屋
季節《きせつ》はずれにほしがる客《きゃく》もいるから保管《ほかん》しているよ
ほとんどいたんでいたけどひとつだけ無事《ぶじ》だったよ
千両《せんりょう》!? みかんひとつで!?
ねだんは※千両《せんりょう》
よいみかんをくさらせる危険《きけん》をおかしながら保管《ほかん》しているんだ
ねだんが気《き》に入《い》らないなら買《か》わなくてけっこう!
千両箱
息子《むすこ》がよくなるなら千両《せんりょう》なんて安《やす》いものだ
むしゃ むしゃ
10房《ふさ》あるから1房《ひとふさ》100両《りょう》か…
数《かず》が少《すく》ないほどねだんは高《たか》くなる
これが「需要《じゅよう》と供給《きょうきゅう》」ってやつだね ククク…

※昔《むかし》のお金《かね》を今《いま》のお金《かね》に換算《かんさん》するのはむずかしいけれど、一説《いっせつ》によると千両《せんりょう》＝４千万円《せんまんえん》!?

ぬまっちラボ1 どうして無料《むりょう》なの？

ものを作《つく》ったり
サービスを提供《ていきょう》したり
するには「経費《けいひ》」が
かかるよね
経費《けいひ》
・原材料費《げんざいりょうひ》
・人件費《じんけんひ》
・運搬費《うんぱんひ》
・場所代《ばしょだい》
無料《むりょう》のものは
どうやって
必要《ひつよう》な経費《けいひ》を
まかなって
いるのかな？

理由《りゆう》その1　税金《ぜいきん》で経費《けいひ》がまかなわれている

市町村《しちょうそん》が主催《しゅさい》するイベント

○○○○先生講演会

図書館《としょかん》で本《ほん》を借《か》りる

公立《こうりつ》の小《しょう》・中学校《ちゅうがっこう》の授業料《じゅぎょうりょう》

理由《りゆう》その2　寄付《きふ》やボランティアで経費《けいひ》がまかなわれている

フードバンク

規格外品《きかくがいひん》などを福祉施設《ふくししせつ》などへ無料《むりょう》で提供《ていきょう》する

パスタ
そうめん
うどん
うどん
フルーツ
やきとり
ラーメン
ラーメン
ヌードル
ヌードル

ブックサンタ

自分《じぶん》が選《えら》んで買《か》った本《ほん》を恵《めぐ》まれない子《こ》どもたちにプレゼントできる

BOOK

子《こ》ども食堂《しょくどう》

地域《ちいき》の大人《おとな》が子《こ》どもに食事《しょくじ》を提供《ていきょう》する

理由《りゆう》その3　企業《きぎょう》が出《だ》す広告《こうこく》で経費《けいひ》がまかなわれている

番組《ばんぐみ》の合間《あいま》にはさまれるコマーシャル（企業《きぎょう》の広告《こうこく》）
提供《ていきょう》
○○社《しゃ》
××社《しゃ》
この番組《ばんぐみ》はごらんのスポンサーの提供《ていきょう》でお送《おく》りします
ALL 200YEN
提供《ていきょう》するために必要《ひつよう》な経費《けいひ》を企業《きぎょう》（スポンサー）が出《だ》しているんだ
企業《きぎょう》はお金《かね》を出《だ》す代《か》わりに自社《じしゃ》の宣伝《せんでん》をさせてもらっているというわけ
これも「広告《こうこく》」
キャンペーン中
OPEN
広告
道《みち》で配《くば》られるティッシュ
○○○展
協賛《きょうさん》／○○社《しゃ》・××社《しゃ》

理由《りゆう》その4　無料《むりょう》でさそって有料《ゆうりょう》に誘導《ゆうどう》するのが目的《もくてき》

スマホにダウンロードして使《つか》う無料《むりょう》アプリの多《おお》くがこれにあたるんだ
ゲーム
オンライン会議《かいぎ》システム
音楽配信《おんがくはいしん》サイト
しくみは次《つぎ》の通《とお》り

一定《いってい》の機能《きのう》までは無料《むりょう》
無料《むりょう》でーす
便利《べんり》ですよどうぞ〜〜
もっと便利《べんり》な世界《せかい》
ここから先《さき》は有料《ゆうりょう》
ぞろぞろぞろ…
だから気《き》をつけないとこんなケースも
お父《とう》さんゲームしたいからスマホ貸《か》して
はい
あーじれったいもっとスピード上《あ》げたいなあ
パワーアップして早《はや》く次《つぎ》のステージに進《すす》みたい！
無料《むりょう》ゲームは「無料《むりょう》で遊《あそ》べるはんいだけじゃものたりない」と感《かん》じるように作《つく》られているのがポイント
なので…

アイテムを購入《こうにゅう》する
ガチャに挑戦《ちょうせん》
超《ちょう》レア
×5
クリック
クリック
激《げき》レアゲット！このアイテムで一気《いっき》に進《すす》めるぞ！
クリック
その結果《けっか》…
えーっ？ゲームに3万円《まんえん》も課金《かきん》したの!?
スマホ代の請求書
あ……
ごめんなさい…
ねらいどおりたくさんお金《かね》を使《つか》ってもらった
よしよしいいぞ――♪
こういうしくみだってことをよーくおぼえておこう
ゲーム開発会社《かいはつがいしゃ》

理由《りゆう》その5
データを集《あつ》めて売《う》るのが目的《もくてき》
年齢《ねんれい》
関心《かんしん》があるもの
居住地《きょじゅうち》
年収《ねんしゅう》
貯金額《ちょきんがく》
無料《むりょう》で利用《りよう》できるサイトやアプリの中《なか》には利用者《りようしゃ》のデータを集《あつ》めて売《う》るのが目的《もくてき》のものもあるよ
無料《むりょう》サイト運営会社《うんえいがいしゃ》
商品開発《しょうひんかいはつ》や広告作《こうこくづく》りに役立《やくだ》ちます
集《あつ》めたデータ
データを売《う》る
データを集《あつ》める目的《もくてき》はなにか個人情報《こじんじょうほう》が安全《あんぜん》に保《たも》たれるかどうか確認《かくにん》してから利用《りよう》しよう
「無料《むりょう》」には必《かなら》ず理由《りゆう》や目的《もくてき》があるものなんだ
「どうして無料《むりょう》なんだろう？」と考《かんが》えたり調《しら》べたりするクセをつけると自分《じぶん》を守《まも》れるしお金《かね》の知識《ちしき》もふえていくよ

5 ねだんの決《き》まりかた

円高《えんだか》・円安《えんやす》ってなに?

ねだんの決《き》まりかたといえば円高円安《えんだかえんやす》も関《かか》わってくるね
円高円安《えんだかえんやす》…?
外国《がいこく》とものを売《う》り買《か》いするときに出《で》てくることばだよ
外国《がいこく》と?
外国《がいこく》に行《い》ったら日本《にほん》のお金《かね》をその国《くに》のお金《かね》に両替《りょうがえ》するよね?
¥
$
うん
たとえばアメリカの場合《ばあい》1ドルと交換《こうかん》するのに日本円《にほんえん》がいくら必要《ひつよう》かは
為替《かわせ》レートで毎日《まいにち》変動《へんどう》するのさ

円高《えんだか》・円安《えんやす》ってどういうこと？

1ドル ＝ 140円《えん》のとき

Chocolate
100
10
10
10
10

1ドルのチョコレート ＝ ねだんは140円《えん》

1ドル ＝ 130円《えん》になると?

100
10
10
10

130円《えん》で買《か》える!

ドルに対《たい》して円《えん》の価値《かち》が上《あ》がった

＝

円高《えんだか》

1ドル ＝ 150円《えん》になると?

150円《えん》出《だ》さないと買《か》えない

ドルに対《たい》して円《えん》の価値《かち》が下《さ》がった

＝

円安《えんやす》

為替《かわせ》レート（1ドルが何円《なんえん》になるか）は
外国為替《がいこくかわせ》市場《しじょう》で決《き》められているよ

どうして円高《えんだか》になったり円安《えんやす》になったりするの？

日本《にほん》の景気《けいき》がよい
日本円《にほんえん》を持《も》っていれば得《とく》しそう！
外国《がいこく》のお金《かね》を
円《えん》に替《か》える人《ひと》がふえる
（円《えん》の人気《にんき》が高《たか》まる）
▼
円高《えんだか》が進《すす》む
日本《にほん》の景気《けいき》が悪《わる》い
日本円《にほんえん》を持《も》っていると損《そん》しそう…
持《も》っている円《えん》を
外国《がいこく》のお金《かね》に替《か》える人《ひと》がふえる
（円《えん》の人気《にんき》が下《さ》がる）
▼
円安《えんやす》が進《すす》む
日本《にほん》が海外《かいがい》からどう評価《ひょうか》されているかが
円高円安《えんだかえんやす》に大《おお》きく関《かか》わっているのさ

むずかしくてよくわからないけど…
う〜ん。
お金《かね》の価値《かち》が上《あ》がる円高《えんだか》の方《ほう》が
日本《にほん》にとってはいいんだよね？
それが　そうともいいきれないんだ

円高《えんだか》と円安《えんやす》、どっちがいいの？

円高《えんだか》でうれしい
外国《がいこく》の品物《しなもの》や海外旅行《かいがいりょこう》が安《やす》い
円安《えんやす》でうれしい
外国《がいこく》からの旅行者《りょこうしゃ》がふえ、観光地《かんこうち》がもうかる
旅館
円高《えんだか》でこまる
日本《にほん》からの輸出品《ゆしゅつひん》が売《う》れにくい
高くて買えないよ
円安《えんやす》でこまる
外国《がいこく》からの輸入品《ゆにゅうひん》が高《たか》くなる
また値上げ…？
肉セール
日本《にほん》は海外《かいがい》との貿易《ぼうえき》が多《おお》いから
円高円安《えんだかえんやす》はボクたちの毎日《まいにち》にもさまざまな影響《えいきょう》があるよ

もののねだんには外国《がいこく》との関係《かんけい》も大《おお》きく関《かか》わっているんだね
うん

6 ねだんの決《き》まりかた 景気《けいき》ってなに?

それから「景気《けいき》」も ねだんには 大《おお》きく影響《えいきょう》 してくるよね
なんだ なんだー?

景気《けいき》がいい、悪《わる》いってどういうこと?

景気《けいき》がいい = 売《う》り買《か》いが活発《かっぱつ》にされている状態《じょうたい》

¥
30.000
①作《つく》ったものが どんどん売《う》れる
②会社《かいしゃ》が もうかるので 給料《きゅうりょう》が上《あ》がる
③ふえた給料《きゅうりょう》で ますます 買《か》いものをする

もののねだんは 上《あ》がっていく

景気《けいき》が悪《わる》い ＝ 売《う》り買《か》いがとどこおっている状態《じょうたい》

①ものを作《つく》っても全然《ぜんぜん》売《う》れない
②会社《かいしゃ》がもうからないので給料《きゅうりょう》が下《さ》がり、失業《しつぎょう》する人《ひと》がふえる
③みんなが節約《せつやく》のため買《か》いものをひかえる
もののねだんは下《さ》がっていく

景気《けいき》がよければ給料《きゅうりょう》が上《あ》がっておこづかいもふえるかも……
食費《しょくひ》もな
大人《おとな》も子《こ》どもも幸《しあわ》せになれるね

ところが好景気《こうけいき》は永久《えいきゅう》には続《つづ》かなくてよい悪《わる》いをくりかえすものなのさ

景気《けいき》には波《なみ》がある！

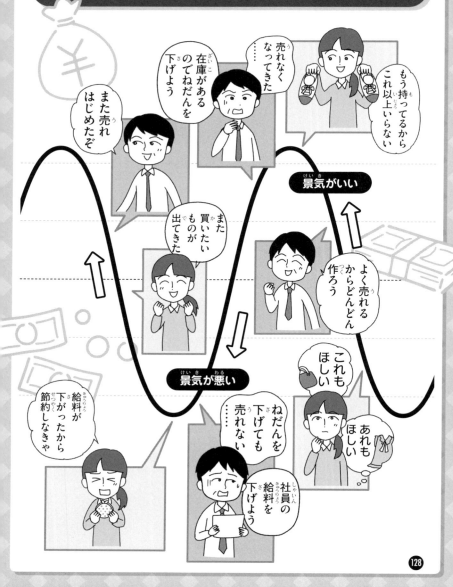

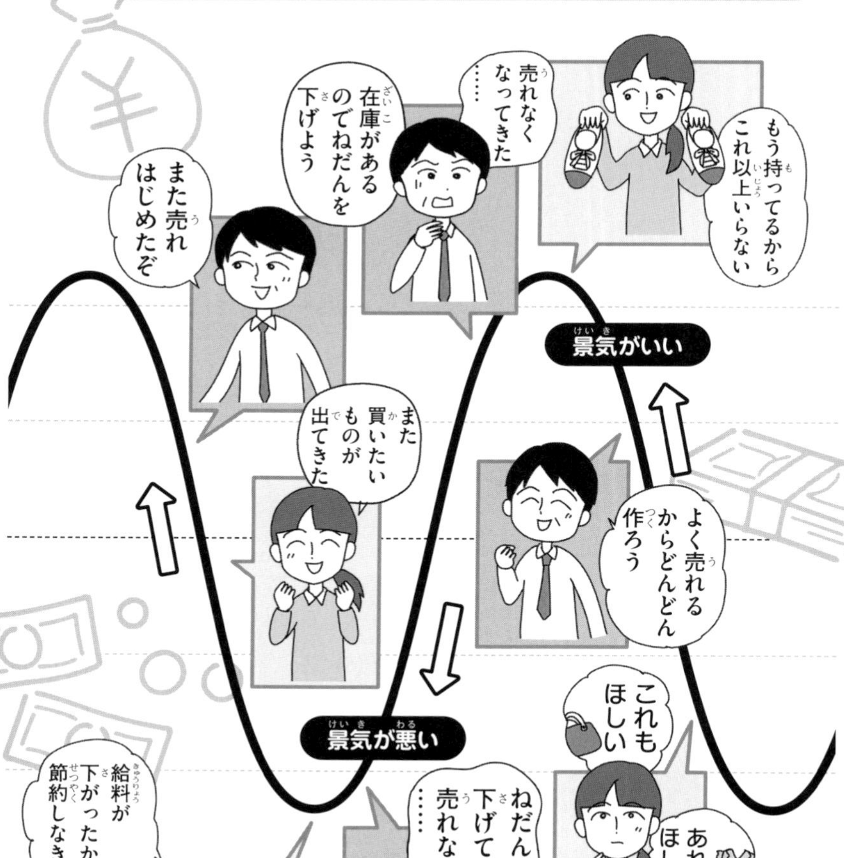

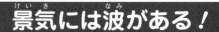

需要《じゅよう》と供給《きょうきゅう》の関係《かんけい》で景気《けいき》は自然《しぜん》に上下《じょうげ》するし…
それに加《くわ》えて「みんなの気分《きぶん》」も景気《けいき》に大《おお》きな影響《えいきょう》をあたえているよ

気分《きぶん》が？
未来《みらい》に期待《きたい》が持《も》てるとき
ニュース
日本《にほん》の会社《かいしゃ》が画期的《かっきてき》な新商品《しんしょうひん》を発売《はつばい》しました
人《ひと》びとが安心《あんしん》してお金《かね》を使《つか》い、景気《けいき》が上向《うわむ》く
未来《みらい》に不安《ふあん》を感《かん》じるとき
ニュース
大企業《だいきぎょう》の○○が倒産《とうさん》しました
人《ひと》びとが用心《ようじん》してお金《かね》を使《つか》わなくなり、景気《けいき》が下向《したむ》く

不景気《ふけいき》が長引《ながび》く
ときには
国《くに》はこんな
対策《たいさく》をするよ

政府《せいふ》がおこなう対策《たいさく》

税金《ぜいきん》を使《つか》って道路《どうろ》や橋《はし》をつくるなど
公共事業《こうきょうじぎょう》を多《おお》くの会社《かいしゃ》に発注《はっちゅう》

仕事《しごと》が
ふえたので
人《ひと》をやとおう
給料《きゅうりょう》が
ふえた！
失業《しつぎょう》してた
けど仕事《しごと》が
見《み》つかった

日本銀行《にっぽんぎんこう》がおこなう対策《たいさく》

ご融資

金利《きんり》(お金《かね》を借《か》りたときの利子《りし》)を
下《さ》げ、会社《かいしゃ》や個人《こじん》がお金《かね》を
借《か》りやすくする

借《か》りた資金《しきん》で
新商品《しんしょうひん》を
開発《かいはつ》するぞ
住宅《じゅうたく》ローンを
組《く》んで家《いえ》を
買《か》おう

経済活動《けいざいかつどう》が活発《かっぱつ》に！

需要《じゅよう》と供給《きょうきゅう》
国内《こくない》や海外《かいがい》のできごと
みんなの気分《きぶん》
国《くに》の対策《たいさく》
なるほどね 景気《けいき》がよくなったり悪《わる》くなったりする理由《りゆう》がなんとなくだけどわかったよ
景気《けいき》の波《なみ》にほんろうされないためには
よいときにうかれすぎず悪《わる》いときに心配《しんぱい》しすぎず平常心《へいじょうしん》でいるのが大事《だいじ》なのさ
平常心《へいじょうしん》…？
スー
まずは深呼吸《しんこきゅう》さ…
ハー
平常心《へいじょうしん》平常心《へいじょうしん》…
？

ぬまっちラボ② 適正《てきせい》価《か》格《かく》ってなんだろう?

世《よ》の中《なか》の大人《おとな》たちにお金《かね》についての希望《きぼう》をたずねると…
もっと給料《きゅうりょう》を上《あ》げて
税金《ぜいきん》をもっと安《やす》くして
値上《ねあ》げしないで
社会保障《しゃかいほしょう》をもっと手厚《てあつ》くして
だけど
値上《ねあ》げしないで
もっと給料《きゅうりょう》を上《あ》げて
これって両立《りょうりつ》するのかな?
最近《さいきん》はいろんなものが次《つぎ》つぎ値上《ねあ》がりしているよね

円《えん》 安《やす》
円高
円安
戦争《せんそう》や紛争《ふんそう》
天災《てんさい》や天候《てんこう》不順《ふじゅん》
原材料費《げんざいりょうひ》が上《あ》がる
小麦粉
光熱費《こうねつひ》が上《あ》がる
電気
ガス
輸送費《ゆそうひ》が上《あ》がる
商品《しょうひん》
値上《ねあ》げ
160円《えん》
180円《えん》
でも値《ね》上《あ》げするならもう買《か》わない！をおしとおすと…
このままでは会社《かいしゃ》がもたない
会社《かいしゃ》の経営者《けいえいしゃ》
値《ね》上《あ》げできないなら社員《しゃいん》のお給料《きゅうりょう》をへらすしか…
もっと給料《きゅうりょう》を上《あ》げて
うっ…！
社会保障《しゃかいほしょう》をもっと手厚《てあつ》くして
税金《ぜいきん》をもっと安《やす》くして
それからこれも両立《りょうりつ》はむずかしいよね？
なぜなら

手厚《てあつ》い社会保障《しゃかいほしょう》を望《のぞ》むなら
その分《ぶん》 税金《ぜいきん》も高《たか》くなる
いろいろな国《くに》の ケースを 見《み》てみよう
高福祉《こうふくし》・高負担《こうふたん》の国《くに》
（スウェーデン・ノルウェー・フィンランドなど）
税金《ぜいきん》はとても高《たか》いけど 子育《こそだ》てが楽《らく》だし 老後《ろうご》の安心《あんしん》に つながって います
● 消費税《しょうひぜい》は日本《にほん》の約《やく》３倍《ばい》
● 収入《しゅうにゅう》に対《たい》する税金《ぜいきん》の割《わり》合《あい》も高《たか》い
● 子育《こそだ》てや老後《ろうご》の支援《しえん》が充実《じゅうじつ》しており、大学《だいがく》までの学費《がくひ》が無料《むりょう》
うーむ…
低福祉《ていふくし》・低負担《ていふたん》の国《くに》
（アメリカなど）
「自分《じぶん》のことは 自分《じぶん》で なんとかして」 が基本《きほん》で
社会保障《しゃかいほしょう》は 手厚《てあつ》くないけど 税金《ぜいきん》は安《やす》いです
● 公的《こうてき》な健康保険制度《けんこうほけんせいど》を利用《りよう》できる人《ひと》は限《かぎ》られている
● 医療費《いりょうひ》・学費《がくひ》が高《たか》い
USA
日本《にほん》は どちらを 望《のぞ》むの かな？

そこで
おたがいが
納得《なっとく》できる
適正価格《てきせいかかく》は
いくらかを
考《かんが》える必要《ひつよう》が
あるんだ
会社《かいしゃ》
原材料費《げんざいりょうひ》が
値上《ねあ》がりする中《なか》
従業員《じゅうぎょういん》の給料《きゅうりょう》を
守《まも》りつつ
工夫《くふう》を重《かさ》ねた
価格《かかく》がこれです
モノや
サービスの
適正価格《てきせいかかく》
消費者《しょうひしゃ》
すべての人《ひと》に
適正《てきせい》なお給料《きゅうりょう》で
働《はたら》いてほしいから
理由《りゆう》のある値上《ねあ》げ
なら受《う》け入《い》れます
政府《せいふ》
国民《こくみん》のみなさんが
望《のぞ》む社会保障《しゃかいほしょう》には
税金《ぜいきん》はこれだけ
必要《ひつよう》です
税金《ぜいきん》の
適正価格《てきせいかかく》
国民《こくみん》
政府《せいふ》がムダをなくす
努力《どりょく》をした上《うえ》で
納得《なっとく》のいくプランを
示《しめ》してくれるなら
見直《みなお》しに応《おう》じます
政府《せいふ》や企業《きぎょう》　国民《こくみん》
それぞれが
工夫《くふう》や努力《どりょく》を
しながら
モノ　給料《きゅうりょう》
税金《ぜいきん》などの
適正価格《てきせいかかく》を
考《かんが》える
そんな姿勢《しせい》が
大切《たいせつ》なんだね

コラム 6 買《か》いもので世《せ》界《かい》とつながる

あれ？ベトナム製《せい》って書《か》いてある
日本《にほん》の会社《かいしゃ》のシャツなのに
そうだね
日本《にほん》の会社《かいしゃ》がデザインして給料《きゅうりょう》の安《やす》い外国《がいこく》でぬっているんだよ
中《なか》には安《やす》い賃金《ちんぎん》で開発《かいはつ》途《と》上国《じょうこく》の人《ひと》を働《はたら》かせる企業《きぎょう》もあって
問題《もんだい》になっているんだ
買《か》うものをねだんだけで決《き》めず
作《つく》っている人《ひと》のことも考《かんが》えられるといいね
うんっ

世界《せかい》のものや人《ひと》と自分《じぶん》とのつながりを知《し》ろう

こんなことからはじめてみよう

①企業《きぎょう》のホームページで労働環境《ろうどうかんきょう》に対《たい》する取《と》り組《く》みを見《み》てみよう。

企業の
とりくみ

②国際《こくさい》フェアトレード認証《にんしょう》ラベルのついた商品《しょうひん》をさがしてみよう。

CHOCO
コーヒー

FAIRTRADE

国際《こくさい》フェアトレード認証《にんしょう》ラベル

※開発《かいはつ》途《と》上国《じょうこく》から原料《げんりょう》や製品《せいひん》を不当《ふとう》に安《やす》く買《か》うのではなく、適正《てきせい》な価格《かかく》で継続的《けいぞくてき》に買《か》い取《と》る取引《とりひき》を「フェアトレード」といいます。

第《だい》5章《しょう》

お金《かね》持《も》ちになりたい！

1 どうしたらお金持《かねも》ちになれるの？
カチャカチャ
食器《しょっき》を洗《あら》って片《かた》づけたよ
最後《さいご》に床《ゆか》にたれた水《みず》もふいておいてね
きびしいなぁ見習《みなら》い価格《かかく》でやってるんだから少《すこ》しは大目《おおめ》に見《み》てよ
だめだ給料《きゅうりょう》が出《で》る以上《いじょう》手《て》ぬきはゆるされないぞ
ありがとう
はい今日《きょう》のお給料《きゅうりょう》
ありがとう

食後《しょくご》の片《かた》づけ
20円《えん》
チャリン
まる子《こ》
決意表明《けついひょうめい》通《どお》りに
やれてる
じゃない
貯金《ちょきん》の習慣《しゅうかん》が身《み》につくのは
いいことじゃね
これができていれば
一生《いっしょう》お金《かね》にこまらないで
生《い》きていけるからね
かせいだ
お金《かね》
使《つか》うお金《かね》
貯金《ちょきん》

うーん
でも まる子《こ》は お金《かね》にこまらない だけじゃなくて
海外旅行
花輪《はなわ》クンみたいな お金持《かねも》ちになって いーっぱいいいろんな 経験《けいけん》がしたいな
オペラ鑑賞
ねえ どうしたら ああいうお金持《かねも》ちに なれるの?
花輪《はなわ》クンのおうちは 昔《むかし》からこのあたりの 大地主《おおじぬし》さんじゃったな
大地主《おおじぬし》?
土地《とち》をいっぱい 持《も》っている 人《ひと》のことよ 土地《とち》を売《う》ったり貸《か》したりすると けっこうなお金《かね》が入《はい》ってくるの

それから花輪《はなわ》クンの両親《りょうしん》は海外《かいがい》で事業《じぎょう》をやっているだろ？
それが成功《せいこう》しているんだよ
Bonjour
成功《せいこう》するまでには外国語《がいこくご》の勉強《べんきょう》だの商売《しょうばい》の研究《けんきゅう》だの
たいへんだったろうけどな
花輪《はなわ》クンの家《いえ》がお金持《かねも》ちなのはやっぱりご先祖《せんぞ》さまから受《う》けついだ財産《ざいさん》を上手《じょうず》に投資《とうし》してきたのが大《おお》きいんでしょうね
投資《とうし》？
投資《とうし》っていうのは未来《みらい》に期待《きたい》してお金《かね》を使《つか》うことだ
未来《みらい》
¥

投資《とうし》とは？

まとまったお金《かね》が手《て》に入《はい》った
使《つか》うとすぐなくなってしまうから…
最新《さいしん》のパソコンと材料《ざいりょう》を買《か》って…
パソコン
アクセサリーパーツ
先行投資《せんこうとうし》
みんながほしがるものに加工《かこう》してネットで売《う》るぞ
ネットショップ
ハンドメイドのおみせです
たくさん売《う》れたからもとのお金《かね》を倍《ばい》にふやせた！

生《い》きたお金《かね》の使《つか》いかたをすれば金《かね》は何倍《なんばい》にもふえてもどってくるってわけだ！
生《い》きたお金《かね》の使《つか》いかたかあ…

2 投資《とうし》ってなに?

投資《とうし》について聞《き》きたい?
うん
なにか買《か》うときは それが投資《とうし》(自分《じぶん》の成長《せいちょう》につながる)消費《しょうひ》 浪費《ろうひ》のどれにあたるかを見《み》きわめてからにしているよ
花輪《はなわ》クンならよく知《し》っていそうだからさ
ぼくも聞《き》いてみたいなあ
そうだな ボクは自分自身《じぶんじしん》への投資《とうし》のほかに
パパに教《おし》えてもらった株《かぶ》をやっているよ

株式投資《かぶしきとうし》ってなに？

新事業《しんじぎょう》のために資金《しきん》が必要《ひつよう》だ…
資金《しきん》を投資《とうし》してお金《かね》をふやしたい
投資家《とうしか》
社長《しゃちょう》
株券《かぶけん》
株券《かぶけん》
株券《かぶけん》
株《かぶ》を発行《はっこう》して買《か》ってもらい資金《しきん》にしよう
期待《きたい》できる事業《じぎょう》だから株《かぶ》を買《か》おう
○○証券
株《かぶ》とは会社《かいしゃ》が必要《ひつよう》なお金《かね》を集《あつ》めるために発行《はっこう》する株券《かぶけん》のことだよ
株《かぶ》の売《う》り買《か》いの仲介《ちゅうかい》は証券会社《しょうけんがいしゃ》がしているんだ

株《かぶ》を買《か》うことでその会社《かいしゃ》や事業《じぎょう》を応援《おうえん》することができる
しかも事業《じぎょう》が順調《じゅんちょう》なら…

会社《かいしゃ》の事業《じぎょう》がうまくいくと…?
①株主《かぶぬし》(株《かぶ》を買《か》った人《ひと》)に毎年《まいとし》、配当金《はいとうきん》がはらわれる。
¥
②株主優待制度《かぶぬしゆうたいせいど》が充実《じゅうじつ》する。
レストラン
高級
エステ優待チケット
③その会社《かいしゃ》の株《かぶ》を持《も》ちたい人《ひと》がふえるので、株券《かぶけん》のねだんが上《あ》がる。
○○会社
価値
100万円《まんえん》で買《か》った株《かぶ》が150万円《まんえん》で売《う》れた
50万円《まんえん》もうけたぞ

へえー いいと思《おも》う会社《かいしゃ》を応援《おうえん》できて
しかもお金《かね》がふえるならやらない手《て》はないね…
ズバリ！その考《かんが》えは甘《あま》すぎるでしょう！
え？
残念《ざんねん》ながら逆《ぎゃく》の場合《ばあい》もあるんだよ
会社《かいしゃ》の事業《じぎょう》がうまくいかないと…？
①配当金《はいとうきん》ははらわれない。
¥
②その会社《かいしゃ》の株《かぶ》を手放《てばな》したい人《ひと》がふえ、株券《かぶけん》のねだんが下《さ》がる。
かぶけん
株券
③会社《かいしゃ》が倒産《とうさん》すると、株券《かぶけん》がただの紙切《かみき》れに。
ガーン
投資《とうし》した100万円《まんえん》がゼロに!?

ええー!?
それはひきょうじゃないのかい？
倒産《とうさん》だからしかたないのさ
ですから内容《ないよう》を理解《りかい》しないまま株《かぶ》に手《て》を出《だ》してはいけないのです！
なんだかよくわからないけどもうけた人《ひと》がいるから株《かぶ》をやってみよう〜
やる前《まえ》には勉強《べんきょう》や研究《けんきゅう》が必要《ひつよう》なんだね…
うん…
ボクにとってはとても楽《たの》しい研究《けんきゅう》だけどね
理想《りそう》の未来《みらい》を想像《そうぞう》してごらん

それを実現《じつげん》して
くれそうな
のびざかりの会社《かいしゃ》を
さがして投資《とうし》
するんだ
世《よ》の中《なか》をもっと
明《あか》るく楽《たの》しくする
事業《じぎょう》をはじめよう
としている
成長《せいちょう》企業《きぎょう》は…
えーっと…
こんな
ぐあいにね
あいにく ぼくらは
花輪《はなわ》クンみたいに
株《かぶ》なんか買《か》えないよ
実際《じっさい》に
買《か》えなくても
株主《かぶぬし》になったつもりで
新聞《しんぶん》やテレビのニュースで
研究《けんきゅう》するとおもしろいよ！
うん うん
けさの
新聞に…
あの
会社
が…
お金持《かねも》ちになるには
新聞《しんぶん》を読《よ》みこなせる
ようになること
からかね…

コラム 7

嵐《あらし》と海賊《かいぞく》から株式会社《かぶしきがいしゃ》が生《う》まれた!?

株式会社誕生《かぶしきがいしゃたんじょう》のきっかけは…?

肉《にく》を多《おお》く食《た》べるヨーロッパの人《ひと》びとにとって、東南《とうなん》アジアでとれる香辛料《こうしんりょう》はとても魅力的《みりょくてき》だった。しかし――
コショー
ナツメグ
クローブ
など
東南《とうなん》アジアへ行《い》くには船《ふね》や人《ひと》手《で》にたくさんのお金《かね》がかかり、嵐《あらし》や海賊《かいぞく》などの危険《きけん》もいっぱい。そこで17世紀《せいき》に――
無事《ぶじ》に輸入品《ゆにゅうひん》を持《も》って帰《かえ》れたら大《おお》もうけだけど
帰《かえ》ってこられないと大損《おおぞん》だ…
だったらたくさんの人《ひと》でお金《かね》を出《だ》し合《あ》って
もうけたら山分《やまわ》け損《そん》したら負担《ふたん》し合《あ》うのはどうだろう?
株券
株《かぶ》を買《か》ってもらい航海費用《こうかいひよう》を集《あつ》める
無事《ぶじ》にもどったらもうけを分《わ》け合《あ》う
もどってこなくても、失《うしな》うのは株《かぶ》を買《か》ったときのお金《かね》だけですむ
こうして東《ひがし》インド会社《がいしゃ》が生《う》まれたんだ
これが今《いま》の株式会社《かぶしきがいしゃ》のもとになったんだね

3 お金《かね》のワナに気《き》をつけて

ってことでこれからは学校《がっこう》の勉強《べんきょう》もがんばろうって思《おも》ったよ
それはいいことじゃ
それで将来《しょうらい》は自分《じぶん》に投資《とうし》してお金《かね》をかせげる人《ひと》になって
そのお金《かね》をさらに株式投資《かぶしきとうし》でふやして船《ふね》で世界一周《せかいいっしゅう》するんだ
あ〜南《みなみ》の島《しま》でのんびりするぞなに食《た》べようかな服《ふく》も買《か》わなきゃ
そういうのを※「とらぬタヌキの皮算用《かわざんよう》」っていうのよ

※タヌキをまだつかまえないうちから、その毛皮《けがわ》がいくらで売《う》れるか計算《けいさん》するように、まだどうなるかわからないものをあてにして計画《けいかく》を立《た》てること。

そんなまる子《こ》にひとつ大事《だいじ》な話《はなし》が…
たいへんじゃーっ
どうしたの…
宝《たから》くじが当《あ》たったぞ！
え？
ほらこれじゃ！
おめでとうございます。アメリカの宝《たから》くじ10万《まん》ドルに当選《とうせん》しました！
すごーいっ
おじいちゃん10万《まん》ドルっていくら？
わからんがともかく大金《たいきん》じゃろ！

え〜っと
「ハガキがとどいた当日中《とうじつちゅう》に
下記《かき》の電話番号《でんわばんごう》に連絡《れんらく》を…」
それって…
詐欺《さぎ》じゃよじいさん
詐欺《さぎ》？

これが詐欺《さぎ》の手口《てぐち》だ！

①
もしも相手《あいて》に連絡《れんらく》していたら…
ハガキとどきました
アメリカの宝《たから》くじ10万《まん》ドルに当選《とうせん》しました！ハガキがとどいた当日中《とうじつちゅう》に下記電話番号《かきでんわばんごう》に連絡《れんらく》してください
②
アメリカの宝《たから》くじなので 日本円《にほんえん》に両替《りょうがえ》する手数料《てすうりょう》が5万円必要《まんえんひつよう》です
電話帳
サギマニュアル
③
5万円《まんえん》ふりこんでもらえれば当選金《とうせんきん》を送《おく》ります
よろしくお願《ねが》いします
④
後日《ごじつ》
お金《かね》がとどかない…電話《でんわ》してみよう
⑤
ガーン
この番号《ばんごう》は現在使《げんざいつか》われておりません
5万円《まんえん》だましとられた！

そ
そんな…！
ガーーン
あぶないところだったわね
わーん
大金
があ
まる子《こ》
大事《だいじ》な話《はなし》とはまさにこのことじゃよ
え？
世《よ》の中《なか》には人《ひと》のお金《かね》をだましとろうとする悪《わる》い人間《にんげん》がおおぜいいる…
お金《かね》を「ふやす」ことにばかり目《め》を向《む》けて「守《まも》る」をおろそかにすると痛《いた》い目《め》にあうんじゃ
ほしいほしい
お金
もっとほしい
お金《かね》を守《まも》る？
そうっ
大切《たいせつ》なお金《かね》を守《まも》るためによくある詐欺師《さぎし》の手口《てぐち》を教《おし》えるよ

おばあちゃんはだまされない

相手《あいて》の使《つか》うことばに注意《ちゅうい》じゃ!
ぜったいもうかります!
そうかそれなら…
そんなにいい話《はなし》ならあんたが自分《じぶん》でやればいい
ぜったいもうかる話《はなし》など この世《よ》には存在《そんざい》しないからね
ご近所《きんじょ》の人《ひと》もみんなやってますよ
みんながやってるなら安心《あんしん》じゃ
具体的《ぐたいてき》に何番地《なんばんち》の何《なに》さんのことじゃい?
逆《ぎゃく》に「あなただけ特別《とくべつ》に」と優越感《ゆうえつかん》をくすぐる手口《てぐち》もあるから気《き》をつけて

今《いま》この場《ば》で契約《けいやく》していただければ半額《はんがく》です！
なんと半額《はんがく》!?
年《とし》よりをせかすのはやめとくれ
相手《あいて》に考《かんが》えるひまをあたえないのもとくちょうだよ
失礼しました
じいさん今《いま》のは契約詐欺《けいやくさぎ》じゃからね？
なんと！止《と》めてくれて助《たす》かったわい！
日《ひ》ごろから詐欺《さぎ》の手口《てぐち》について話《はな》しておくことじゃ
おしまい
パァアア
お金《かね》を守《まも》ることも大事《だいじ》なんだね…
こんなにしっかりもののおばあちゃんといっしょになれておじいちゃん結婚《けっこん》の投資《とうし》は大成功《だいせいこう》だね！
と…年《とし》よりをからかうのはやめとくれ…
きいてた…？

コラム 8

子《こ》どもにも身近《みぢか》なお金《かね》のトラブル

まちかどで…
よろしくおねがいしまーす
きふ金お願い
募金
信頼《しんらい》できる団体《だんたい》か確《たし》かめて募金《ぼきん》しよう

スマホやパソコンで……
いつのまにか大金《たいきん》を課金《かきん》しちゃってた…
注文《ちゅうもん》した商品《しょうひん》がとどかない…
本物そっくりにせ通販サイト
品物《しなもの》を送《おく》ったら連絡《れんらく》が取《と》れなくなった…
ファングッズ売ります買います
インターネットを利用《りよう》するときはおうちの人《ひと》に確認《かくにん》してもらおう

どんなことに気《き》をつけたらいいのかな?

友《とも》だちどうしで……
友《とも》だちにゲームをこわされた…べんしょうしてっていっていいのかな
友《とも》だちにおごってもらったから 次《つぎ》はわたしがおごるべき?
友《とも》だちにお金《かね》を貸《か》したけど返《かえ》してもらえない
1000
1000
友《とも》だちどうしのお金《かね》のやりとりはトラブルのもとだからやめよう!

もしも友《とも》だちにお金《かね》を貸《か》してといわれたら……
ごめんね 友《とも》だちどうしでお金《かね》を貸《か》し借《か》りしたらだめだって親《おや》にいわれてるんだ
お店《みせ》に行《い》くのはやめて公園《こうえん》で遊《あそ》ばない?
こんなふうにきっぱりことわろう
お金《かね》のかからない方法《ほうほう》を提案《ていあん》してもいいね

4 お金《かね》を借《か》りるとどうなるの?

金《かね》で注意《ちゅうい》しなきゃ
いけないことといえば
借金《しゃっきん》もそうだな
うんっ お金《かね》が 返《かえ》せないと…
ドンドン
○○さーん いるんでしょ?
わかってるん だよ〜?
こうなるん だよね…
あー こわぃ こわいっ!
それ ドラマの 見《み》すぎ
まる子《こ》ぜったぃ 一生借金《いっしょうしゃっきん》なんか しないよ!
それが よいな
でも たとえば大人《おとな》になって 家《いえ》を買《か》いたくなったときは どうするの?

そうよっ
家《いえ》って何千万円《なんぜんまんえん》もするのよ？
お金《かね》がたまってから買《か》うんじゃあ まる子《こ》 おばあさんになっちゃうわよ？
うむむ…。
この前《まえ》 銀行《ぎんこう》でした話《はなし》を思《おも》い出《だ》してみて
銀行《ぎんこう》…
銀行
¥
銀行《ぎんこう》はお客《きゃく》から預《あず》かったお金《かね》を会社《かいしゃ》や個人《こじん》に貸《か》しているのよ
あ…銀行《ぎんこう》で住宅《じゅうたく》ローンを借《か》りればいいんだ？
銀行
レストラン
正解《せいかい》っ 人生《じんせい》にはお金《かね》を借《か》りる必要《ひつよう》が出《で》てくることもあるから
ぜひしくみを知《し》っておきましょ

住宅《じゅうたく》ローンのしくみ

こんな感《かん》じよ
銀行《ぎんこう》
家《いえ》を買《か》いたいのでお金《かね》を貸《か》してください
お金《かね》を返《かえ》せるほどの安定《あんてい》した収入《しゅうにゅう》があるかな？
借《か》りたお金《かね》に利子《り し》をつけて毎月少《まいつきすこ》しずつ返《かえ》すよ
利子
＋
借りたお金
審査《しんさ》に通《とお》ったのでお金《かね》を貸《か》します

※借《か》りる金額《きんがく》が多《おお》く期間《きかん》が長《なが》いと、利子《りし》も高《たか》くなる。

計画《けいかく》を立《た》てて予定通《よていどお》りに返《かえ》していけるなら問題《もんだい》はないんだけど…
見通《みとお》しが甘《あま》かったり計画通《けいかくどお》りに行《い》かなくなったりして返済《へんさい》にゆきづまる人《ひと》もいるんじゃ
給料《きゅうりょう》がふえると思《おも》ってローンを組《く》んだのに不況《ふきょう》で前《まえ》よりへっちゃった
家計

お金《かね》が返《かえ》せないとどうなるの？
結末《けつまつ》はかなりきびしいことになるわ
借《か》りたお金《かね》が返《かえ》せなくなったら…
毎月《まいつき》の返済《へんさい》がとどこおると…
督《とく》促《そく》状《じょう》
・あなたは信用《しんよう》がないので、もうカードを作《つく》れません。
・ゆっくり返《かえ》すことはもうできません。
・一気《いっき》に全額《ぜんがく》返《かえ》してください。
それでも返済《へんさい》されないと…
この家《いえ》と土地《とち》は銀行《ぎんこう》のものになります
えっ 住《す》んでいた家《いえ》を取《と》り上《あ》げられちゃうの!?
ああ
だから借金《しゃっきん》を甘《あま》く考《かんが》えたらいけねえんだ
できるだけ借金《しゃっきん》をしないですむように ふだんから「ほしいものは貯金《ちょきん》で」というクセをつけておこうね

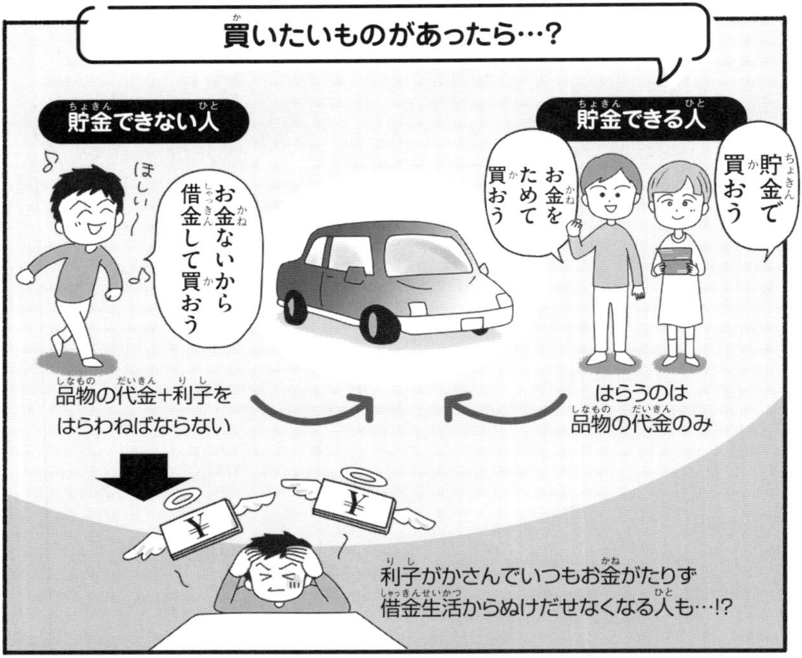
買《か》いたいものがあったら…？
貯金《ちょきん》できない人《ひと》
ほしい〜
お金《かね》ないから借金《しゃっきん》して買《か》おう
品物《しなもの》の代金《だいきん》+利子《りし》をはらわねばならない
貯金《ちょきん》できる人《ひと》
貯金《ちょきん》で買《か》おう
お金《かね》をためて買《か》おう
はらうのは品物《しなもの》の代金《だいきん》のみ
利子《りし》がかさんでいつもお金《かね》がたりず借金生活《しゃっきんせいかつ》からぬけだせなくなる人《ひと》も…!?

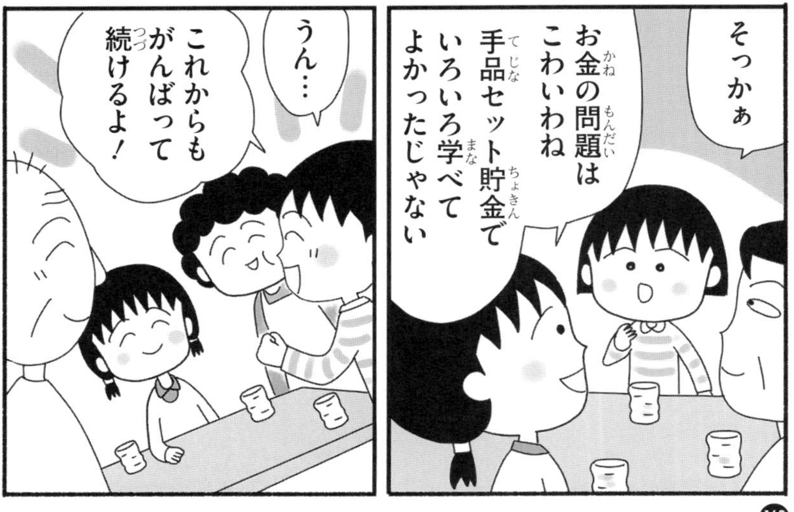
そっかぁ
お金《かね》の問題《もんだい》はこわいわね手品《てじな》セット貯金《ちょきん》でいろいろ学《まな》べてよかったじゃない
うん…
これからもがんばって続《つづ》けるよ！

コラム 9

お金《かね》にまつわることわざ

悪銭《あくせん》身《み》につかず

人《ひと》をだましたり、たまたまギャンブルでもうけたようなお金《かね》は、むだづかいしやすく、すぐになくなってしまうものだということ。

金《かね》は天下《てんか》のまわりもの

お金《かね》は、あちこちまわりまわるものだから、今《いま》持《も》っていてもなくなり、なくてもそのうちまわってくるものだということ。

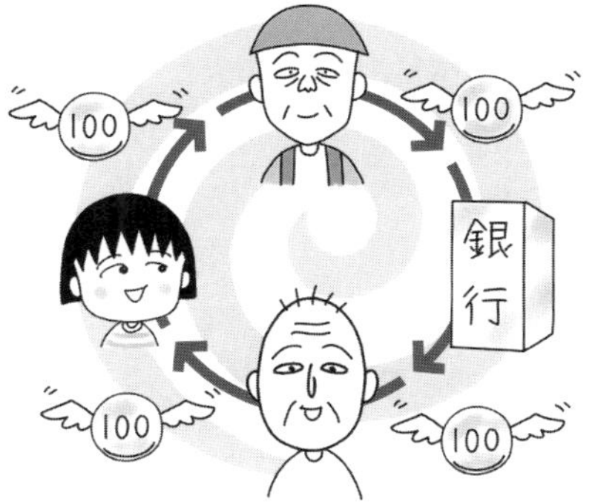

安物買《やすものが》いの銭失《ぜにうしな》い

得《とく》だと思《おも》って安《やす》いものを買《か》っても、品質《ひんしつ》が悪《わる》くてすぐだめになるので、結局《けっきょく》は損《そん》をするということ。

エピローグ　幸《しあわ》せなお金《かね》の使《つか》いかた

フーッ 終《お》わったぁ
まる子《こ》といっしょだと 庭《にわ》そうじも楽《たの》しかったよ
さっぱりしたね ごくろうさん 一服《いっぷく》しよう
ねえ さっき 見《み》つけたんだけど
これってまる子《こ》が ほしがってる 手品《てじな》セットだよね？

あれ この店《みせ》 ２７００円《えん》!?
となり町《まち》の 大《おお》きなお店《みせ》ね
商店街《しょうてんがい》の おもちゃ屋《や》さんでは ３０００円《えん》でしょ？ ３００円《えん》も安《やす》いよ よかったじゃない
うーん…
でも遠出《とおで》をすると 交通費《こうつうひ》やら なにやらで よぶんなお金《かね》が かかるよね
交通費《こうつうひ》
おやつ代《だい》
ごはん代《だい》
などなど……
たしかに そうじゃな
それにもし 全《ぜん》部《ぶ》合《あ》わせて こっちがおトク だったとしても…

まる子《こ》はやっぱり商店街《しょうてんがい》のおもちゃ屋《や》さんで買《か》うよ
どうして？
じつは売《う》り切《き》れが心配《しんぱい》で近《ちか》くを通《とお》るたびにお店《みせ》をのぞいてたんだよ
そしたら
もし売《う》り切《き》れてもすぐに取《と》りよせるからだいじょうぶだよ
お金《かね》をためて買《か》いにきてくれるのをまってるからね
おもちゃ
っていってもらえて
だからまる子《こ》はお手伝《てつだ》いをがんばって３千円《ぜんえん》をためて
あのおじさんのお店《みせ》で手品《てじな》セットを買《か》うって決《き》めてるんだ！

お金《かね》を大切《たいせつ》にすることは自分《じぶん》を大切《たいせつ》にするということじゃね…
お金《かね》をどう使《つか》ったら自分《じぶん》がうれしく感《かん》じるのか
まる子《こ》はそれを考《かんが》えられるようになったんじゃね

チラッ
まる子《こ》
中間決算《ちゅうかんけっさん》をするから
貯金箱《ちょきんばこ》と
こづかい帳《ちょう》を持《も》ってこい
あ
うん
手品
目標3千円
おこづかい帳
ではワシから庭《にわ》そうじのお給料《きゅうりょう》を
ご苦労《くろう》さん
めんどうな仕事《しごと》
引《ひ》き受《う》けます
（ねだんは相談《そうだん》）
▼
50円《えん》
ありがとう!
合計《ごうけい》いくらたまった?
えーとね
チャリン
おこづかい帳《ちょう》の計算《けいさん》では900円《えん》だけど…

うん 合《あ》ってる 全《ぜん》部《ぶ》で 900円《えん》
そうか
じゃあこれ 預《あず》かってた お年玉《としだま》
え？
まる子 お年玉
それから これは
オレからの ボーナスだ！
900円《えん》＋ 2千円《せんえん》＋ 100円《えん》＝ 3千円《ぜんえん》…
ピッタリ3千円《ぜんえん》！
手品《てじな》セットが 買《か》えるじゃない！
100

ほんとだ…！
お金《かね》のことをいろいろ学《まな》んで
大切《たいせつ》に考《かんが》えられるようになったわね
今《いま》のまる子《こ》ならお金《かね》を上手《じょうず》に使《つか》えると思《おも》ったから
ありがとう！

じゃあ まる子《こ》 さっそく おもちゃ屋《や》さんに 買《か》いにいこうよ！
うん！
おもちゃ
おこづかいなんて もらうのが あたり前《まえ》って いう子《こ》が多《おお》いから 一生《いっしょう》けんめい ためたお金《かね》で 買《か》ってもらえて おじさんも うれしいよ
ほらっ リボンも かけちゃったぞ
わ

やったー
やったねー
ありがとうございます
ねえ まる子《こ》
お正月《しょうがつ》にくじで使《つか》ったお金《かね》もたしか3千円《ぜんえん》だったわね？
あー そうだったね
——でも同《おな》じ3千円《ぜんえん》を使《つか》ったのに
なんだか今《いま》は全然《ぜんぜん》ちがう気持《きも》ちがするよ…
——その気持《きも》ち

ずっとわすれないでね
うん！
3年4組
お楽しみ会
お金《かね》ってかせぐときも、使《つか》うときもだれかを笑顔《えがお》にできるんだね
自分《じぶん》やまわりの人《ひと》がずっと笑顔《えがお》でいられるように
これからも大切《たいせつ》にお金《かね》とつきあいつづけるよ

——おわり——

ちびまる子《こ》ちゃんの

続《ぞく》慣用句《かんようく》教室《きょうしつ》

もっと慣用句《かんようく》に
くわしくなれる

慣用句《かんようく》教室《きょうしつ》

コラム慣用句《かんようく》
新聞入《しんぶんい》り

続《ぞく》四字熟語《よじじゅくご》教室《きょうしつ》

さらに四字熟語《よじじゅくご》に
くわしくなれる

四字熟語《よじじゅくご》教室《きょうしつ》

コラム四字熟語《よじじゅくご》
新聞入《しんぶんい》り

続《ぞく》ことわざ教室《きょうしつ》

いろはカルタ
まんが入《い》り

ことわざ教室《きょうしつ》

コラムことわざ
新聞入《しんぶんい》り

敬語《けいご》教室《きょうしつ》

コラム敬語新聞《けいごしんぶん》
入《い》り

語源《ごげん》教室《きょうしつ》

語源《ごげん》たんけん
ニュース入《い》り

俳句《はいく》教室《きょうしつ》

俳人《はいじん》の
伝記《でんき》まんが入《い》り

読《よ》めるとたのしい難読漢字《なんどくかんじ》教室《きょうしつ》

難《むずか》しい読《よ》み方《かた》や
特別《とくべつ》な読《よ》み方《かた》の漢字《かんじ》

似《に》たもの漢字使《かんじつか》い分《わ》け教室《きょうしつ》

同音異義語《どうおんいぎご》、
反対語《はんたいご》、類語《るいご》など

暗誦百人一首《あんしょうひゃくにんいっしゅ》

コラム暗誦新聞《あんしょうしんぶん》
入《い》り

古典《こてん》教室《きょうしつ》

まんがで読《よ》む
古典作品《こてんさくひん》

短歌《たんか》教室《きょうしつ》

短歌《たんか》100首《しゅ》を
解説《かいせつ》

漢字辞典《かんじじてん》③

五《ご》、六年生向《ろくねんせいむ》き

漢字辞典《かんじじてん》②

二《に》〜四年生向《よねんせいむ》き

かん字《じ》じてん①

一《いち》、二年生向《にねんせいむ》き

作文《さくぶん》教室《きょうしつ》

中学入試《ちゅうがくにゅうし》にも
対応《たいおう》

文法《ぶんぽう》教室《きょうしつ》

文《ぶん》の基本《きほん》を
まんがで読《よ》む

春夏秋冬《しゅんかしゅうとう》教室《きょうしつ》

季節《きせつ》のことばと
行事《ぎょうじ》を楽《たの》しむ

小学生英語《しょうがくせいえいご》 CD《シーディー》付《つ》き

授業《じゅぎょう》にも役立《やくだ》
つ英語入門《えいごにゅうもん》

英語《えいご》教室《きょうしつ》 CD《シーディー》付《つ》き

会話《かいわ》や歌《うた》で英《えい》
語《ご》に親《した》しもう

表現力《ひょうげんりょく》をつけることば教室《きょうしつ》2

ことばの力《ちから》を
さらにつけよう!!

表現力《ひょうげんりょく》をつけることば教室《きょうしつ》

長文読解《ちょうぶんどっかい》、記述《きじゅつ》
問題《もんだい》の対策《たいさく》にも

手作《てづく》り教室《きょうしつ》

はじめてのお料理《りょうり》、おかし
作《づく》り、工作《こうさく》、手芸《しゅげい》など

自由研究《じゆうけんきゅう》

テーマの決《き》めかた
からまとめかたまで

計算力《けいさんりょく》をつける

すばやく正確《せいかく》に、計《けい》
算《さん》ができるようになる

分数《ぶんすう》・小数《しょうすう》

分数《ぶんすう》と小数《しょうすう》の計算《けいさん》の
仕《し》組《く》みがたのしくわかる

かけ算《ざん》わり算《ざん》

かけ算九九《ざんくく》から
筆算《ひっさん》まで

読書感想文《どくしょかんそうぶん》教室《きょうしつ》

苦手《にがて》な読書感想文《どくしょかんそうぶん》
が好《す》きになれる

めいろあそび

考《かんが》える力《ちから》が
しぜんに身《み》につく

まちがいさがし

よく見《み》てくらべて
集中力《しゅうちゅうりょく》アップ

なぞなぞ 365日《にち》

1年《ねん》で365この
なぞなぞにチャレンジ!

なぞなぞ 3年生《ねんせい》

まる子新聞《こしんぶん》
ふろく入《い》り

なぞなぞ 2年生《ねんせい》

まるちゃんの
なんでもノート入《い》り

なぞなぞ 1年生《ねんせい》

けんきゅう
はっぴょう入《い》り

なぞなぞ ようちえん

おやくだちべんきょう
ページ入《い》り

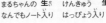